T文庫

假装懂点
哲学

THE
LITTLE BOOK
OF
PHILOSOPHY

[英]蕾切尔·波尔顿 / 著

马博 / 译

图书在版编目（CIP）数据

假装懂点哲学 / (英) 蕾切尔·波尔顿著；马博译.
厦门：鹭江出版社, 2025.8. -- (T文库). -- ISBN
978-7-5459-2595-1

Ⅰ . B-49

中国国家版本馆CIP数据核字第2025WD2169号

福建省版权局著作权合同登记号 图字：13-2025-037 号

THE LITTLE BOOK OF PHILOSOPHY
by Rachel Poulton
Copyright © Octopus Group Limited, 2019
Simplified Chinese translation copyright © 2025 by Light Reading Culture
Media (Beijing) Co., Ltd.
This Chinese edition is arranged through Gending Rights Agency (http://
gending.online/)
All rights reserved.

出 版 人	雷 戎
选题策划	轻读文库
责任编辑	李 杰
助理编辑	刘 爽
特约编辑	姜 文
装帧设计	马仕睿 @typo_d
美术编辑	林烨婧

JIAZHUANG DONGDIAN ZHEXUE

假装懂点哲学

[英] 蕾切尔·波尔顿　著　　　马博　译

出　　版	鹭江出版社		
发　　行	鹭江出版社		
	轻读文化传媒（北京）有限公司		
地　　址	厦门市湖明路 22 号	邮政编码	361004
印　　刷	河北鹏润印刷有限公司		
地　　址	河北省沧州市肃宁县经济开发区宏业路北侧	联系电话	0317-7587722
开　　本	730mm × 940mm　　1/32		
印　　张	4.75		
字　　数	87 千字		
版　　次	2025 年 8 月第 1 版　　2025 年 8 月第 1 次印刷		
书　　号	ISBN 978-7-5459-2595-1		
定　　价	25.00 元		

本书若有质量问题，请与本公司图书销售中心联系调换　　　　未经许可，不得以任何方式
电话：(010) 52435752　　　　　　　　　　　　　　　　　　　复制或抄袭本书部分或全部内容
　　　　　　　　　　　　　　　　　　　　　　　　　　　　　　版权所有，侵权必究

目录

序 言		1
第一章	前苏格拉底哲学	3
第二章	希腊三贤：苏格拉底、柏拉图、亚里士多德	17
第三章	东方哲学	35
第四章	古代哲学	47
第五章	中世纪和文艺复兴哲学	63
第六章	现代哲学	75
第七章	政治哲学	87
第八章	20世纪和后现代哲学	113
第九章	今日哲学	133
第十章	五个哲学问题	137

序　言

什么是哲学？

提到哲学，绝大多数人脑中都会浮现这样的画面：一位教授边捋着长胡须，边思索着无解的问题。哲学常被视为一门高高在上的学科，古板又难懂。然而，哲学不过是对智慧和知识的追寻，古希腊的"哲学"（philosophia）一词的字面意思就是"爱智慧"。哲学的目的在于提出和探索生命的重大问题，从而帮助我们明晰该做什么，以及如何好好生活。哲学的追问都是为了去理解事物，而非仅仅知晓事物。这是主动的行为：我们进行哲学研究。在一个充满虚假新闻和虚假"真相"的世界里，踏上对真理的探寻之旅，再重要不过。深入学习哲学后，我们就会了解到，一味被动地浏览社交媒体的推送，以及被动地吸收信息，都不是生活的正解。我们应该不懈地提出问题，充分探索可能的答案，并且对过程和结果同样乐在其中。

哲学家充满活力地思考着。几千年来，他们一直提出类似"生命的意义是什么""我是谁""我是自由的吗"的问题，通过论证和推理，希望得出更容易理解和清晰的结论。

哲学这一话题广博无边，这里不可能囊括所有的角度，但希望本书能带你踏上穿越时间和思想的旅途，在各站短暂停留，一瞥那些最重要、最迷人的哲学家和他们的理论——正是这些理论塑造了过去2000年的西方思想。我们会到达西方哲学的诞生地古希腊，随后汲取一些东方哲学的知识，再前行至中世纪和文艺复兴时期，对现代哲学的探索将带我们来到20世纪，后现代哲学则是旅行的终点。

乍看之下，哲学似乎让人望而却步，因其是一片知识和思考的汪洋。几乎所有的主题都可以用哲学的方法探讨：教育、宗教、科学、语言、女性主义，等等。不过，当你读完这本书，应该已经能够明白形而上学和认识论是什么，政治哲学和伦理学是什么，也明白理性主义和经验主义的区别了。你也应该能对主要的哲学流派和代表哲学家有所了解了。这是一个跳板，你可以就自己感兴趣的领域展开更深入的思考。而最重要的是，希望你读完此书后能获得新的求知欲望，建立自己对智慧的爱。

第一章

前苏格拉底哲学

几千年来，哲学家一直试图得出关于人生难题的合理解答。但这种思索是从哪里开始的呢？要得出答案，我们需要回到2500多年前的公元前6世纪左右，那时有一批被称为"前苏格拉底哲学家"的早期思想家，顾名思义，他们的出现早于哲学巨匠苏格拉底。

苏格拉底关心的是我们应该如何生存，但在他之前，最初的哲学家们关注的是事物的物质本质，即地球与宇宙是由什么构成的，事物的根本属性是什么？前苏格拉底哲学家们不满足于当时人们接受的神话和超自然解释，而是开始关注自身的经历和体验。他们最早尝试用理性和逻辑来解释宇宙，而不是靠神话传说中蕴含的那种基于众神的象征意义来理解世界。

他们发现，世界是由规则引领的，是有序而符合逻辑的，这可以成为研究和理解的对象。这些早期哲学家各自有不同的见解，但他们关于事物形成的理论大概以这四种元素为基础：水、气、火、土。

泰勒斯（公元前624—前546年，见第6—7页）被认为是世界上第一位哲学家，来自米利都学派。泰勒斯住在地中海沿岸，周围环水，因此在他的理论中，"水是万物的本原"就不难理解了。**阿那克西曼德**（公元前610—前546年）是泰勒斯的学生，他无法理解水如何能形成像火这样的事物。在他的观察中，四种元素是不稳定的，且可以彼此征服（例如水可以灭火），因此怎么可能有某种单一元素成为万物的本原呢？他提出，宇宙和其中所有事物是由"无限定"（apeiron）这种原始基质产生而来的。"无限定"本身不是一种实体，而是一种永恒而无边的神秘存在。阿那克西曼德认为，万物都是由"无限定"产生的，并且在毁灭时回归于此。

阿那克西曼德的学生**阿那克西米尼**（公元前585—前528年）不同意他的形而上理论。阿那克西米尼观察到，气可以转化为所有的事物：凝聚的气形成云，进一步凝聚的气形成水，更为凝聚的气形成土，最凝聚的气形成石头。当气处于稀薄状态时，便是风或者火。于是他总结道，气是万物的本原。

考虑到我们今天了解的科学知识，这三种理论听上去都有些疯狂，但哲学和科学的追问正是由此开始的。这些早期的思想家观察自己身边的世界，挑战世界和宇宙由神创造的观念，试图描绘身边事物的复杂性和多变性。他们进行的，是一种理性的追问。

泰勒斯
公元前624—前546年

米利都的泰勒斯是希腊人,生活富足、见多识广,他住在地中海边的富裕城市米利都,这里如今属于土耳其。泰勒斯被认为是第一位真正的哲学家,因此也是希腊和西方的哲学之父。他同时还是商人、工程师、数学家、政治家和天文学家。

泰勒斯的哲学和数学研究汲取了埃及和巴比伦的智慧,据说他前往埃及时,在那里发现可以通过测量金字塔的影子来计算金字塔的高度。他提出的几何定理就基于埃及人和巴比伦人的知识。

和大多数前苏格拉底哲学家一样,我们对泰勒斯的生平和哲学思想了解有限,且通常来自后世的记载(有很多来自亚里士多德),因此关于他的生活有很多无法确定的部分,他的理论究竟为何也难以知晓,但也不是完全无迹可寻。亚里士多德在自己的《形而上学》中称,泰勒斯是第一个提出万物均由一种元素生成的人。

泰勒斯认为水是生命的主要来源,并观察到水如何化为雾、冰、液和土,因此形成了世界的本原是水的理论。他认为世界像一个浮在水上的盘子,地震等现象的合理解释便是水波摇动了大地。泰勒斯的理论虽然是错误的,但同时也是开天辟地的,因为这标志着有人用理性的思考来挑战当时占主流的超自然观念。在他之前,人们向众神寻求答案,相信是不安或愤怒的神创造了大地。

据说,作为占星师的泰勒斯曾经预测了公元前585年的日食,并且计算出了一年的时长,以及至日和分日何时到来。传言他对星星的着迷导致过一场不幸的意外,古希腊的奴隶寓言家伊索(公元前620—前564年)就据此讲了一则占星师掉进井里的故事。据说一天晚上,泰勒斯忙着凝望空中的星星,不小心跌进一口井中,一位老妇人将他解救出来,并告诫他应当着眼于大地上的事物,而不是缥缈的天空。值得哲学界和科学界庆幸的是,泰勒斯这两点都做到了。

毕达哥拉斯
公元前570—前495年

毕达哥拉斯是最著名的前苏格拉底哲学家之一，他认为"数"是万物的核心。他的思想影响了柏拉图、亚里士多德和西方的神秘主义。和其他前苏格拉底哲学家一样，我们对毕达哥拉斯的了解大多基于传说，其中有很多可猜测的空间。据说他是阿波罗神的化身，拥有一条金色的腿和一支神奇的箭，可以同时出现在两个不同的地方。

在他的理论中，行星和恒星的运行之间存在一种和谐的数学关系，并产生一种无声的交响乐，他称之为"宇宙的音乐"。毕达哥拉斯还有一个知名的理论是轮回说，即身体消亡后，灵魂依然存在，并将寄居在另一个人类或动物的身体中。

毕达哥拉斯在意大利南部的克罗顿组织了一个追随者同盟。这个同盟专注于提升灵魂，为"来世"做准备，其遵循的原则是极度的禁欲主义（自我约束，出于灵魂或宗教的原因拒绝享乐）、平等、素食主义（但不能吃豆类）。他们热爱音乐，将音乐作为与神明的连接，同时致力于提升灵魂。

赫拉克利特
约公元前535—前475年

赫拉克利特同样是一位持有大胆观念的前苏格拉底哲学家，他认为万物的本原是火。他主张所有事物都由火转化而来，有序的宇宙其实处于永不停息的变化之中。在赫拉克利特看来，万物无时无刻不在变化，但这些变化有一个共通的基础法则，叫作逻各斯（Logos），即神圣理性。

赫拉克利特以其刻意的晦涩写作风格闻名（他持精英主义观点，认为有学识的人才能理解他的学说），他的著作《论自然》充满了双关和悖论，留下了巨大的阐释空间。比如这句名言："我们踏入又没有踏入同一条河流，我们存在又不存在。"这句话展示了他认为在我们身边万物皆变、万物皆流的观点，然而令人费解的是，这句话同时暗示着虽然事物在变化，其本质却不变。如果深究河流的比喻，我们或许可以这样来理解他的观点："虽然河水在我们周围流动不息、变化不止，但河流仍然是同一条；事物的部分在变化，但整体不变。"

赫拉克利特还提出对立统一的观点："对立的部分在整体上是统一的。"相反的作用力达到平衡，就带来了和谐，而正是在这种对立或冲突当中，事物得以诞生。热变成冷,战争变成和平。他认为所有事物都在变化,都在"产生",而公正的宇宙法则将保证事物永远处于平衡状态。赫拉克利特还提出,想要好好生活,我们需要意识到自己的同一性,按照自然的流动法则去生活。

巴门尼德
约公元前515—前445年

另一位极具影响力的前苏格拉底哲学家是巴门尼德,他完全反对赫拉克利特的观点,不认为宇宙处于永不停息的变化之中,也不认为万物皆变。巴门尼德提出,世界是"一",是恒定不变的,唯一的存在是现实本身。他坚信自己的哲学传承自一位女神,将其写成一部题为《论自然》的史诗,如今只有只言片语保留了下来。

在诗中,巴门尼德区分了两种现实观:一种是感官知觉,即"表象之道";另一种是理性现实,即"真理之道"。他认为,我们只能思考和谈论存在之物,某种"所是"之物,且我们只能说其"是存在的"。这就是"真理之道"。他补充道,我们无法感知或谈论"不是"之物,不存在的事物不可能变为存在的事物,因此事物不可能存在于过去或未来,因为过去和未来都不是真实存在。沿着这种人无法感知不存在之物的思路,巴门尼德总结道,唯一存在的是此刻"所是"之物——永恒不变的现在。

巴门尼德的理论迷惑难懂,并有许多难解的漏洞,但重要之处在于巴门尼德使用逻辑和语言来建立自己的存在理论。他对现实的描述是基于理性而非感官经验。

在《论自然》的第二部分，巴门尼德对"表象之道"进行了思考。他认为我们所见的一切运动或变化都只是基于简单的感知，通过感官获得，而这是不可靠的。

赫拉克利特的"产生"理论和巴门尼德的"存在"理论，虽然都有缺陷且有些难懂，但它们标志着形而上学思考的开始，两位哲学家都被视为本体论（形而上学的分支，关注存在和现实）的重要先驱。巴门尼德解决的是现实与感知之间的关系这一哲学难题，讨论了存在与不存在的概念。他对柏拉图（因而对整个西方哲学）有巨大的影响，柏拉图甚至专门为他创作了对话录《巴门尼德篇》。

如我们所见，哲学思考和思想开始发展，前苏格拉底哲学家致力于理解宇宙的物质本质，然后发展出形而上学的理论，开始讨论现实是什么以及我们应如何感知宇宙。

原子论

原子论形成于公元前5世纪，有两位代表哲学家：米利都的留基波（生卒年不详）和德谟克利特（约公元前460—前370年）。原子论的主要观点是，宇宙及其万物都是由两种因素构成的：原子和真空。原子一词来自希腊语的atomon，意为"不可切割"或"不可分割"。原子论中，原子是任何化学元素无法穿透的最小单位。和我们如今对原子的定义不同，原子论中的原子形状、大小各异，围绕着真空跳跃。

原子论认为，原子在真空中碰撞并结合在一起，这样才形成了万事万物。我们所见所感的事物之所以不同，是因为组成事物的原子种类不同，以及不同形状的原子运动和组合的方式不同。原子论结合了赫拉克利特的万物皆变理论和巴门尼德的恒定不变理论，后者认为物质变化不存在，所有的变化不过是幻象。

原子论持一种坚定的唯物论和决定论（认为事件和选择皆由先前原因决定的哲学思想）世界观，即宇宙万物都由原子构成，并服从严格的物理因果法则。

形而上学

"形而上学"(metaphysics)一词来源于希腊语,意为"对自然进行研究之后"。有人认为,这个词后来为一位公元1世纪的编辑所用,他将亚里士多德的一系列作品汇集成书,然后起名为《形而上学》,这本书接在亚里士多德的另一部作品《物理学》之后,书名中的"meta"是"之后"的意思,因此书名直译就是"《物理学》之后"。这一哲学分支研究的是存在和现实本质的问题,即事物是如何形成与存在的。形而上学探讨较为抽象的观念,如存在、认知、本体和变化、时间和空间。随着时间和哲学思想的发展,形而上学的某些方面成了被研究的领域,比如心灵哲学就是一个巨大的研究领域,但其仍与形而上学有所关联。形而上学提出下列问题:什么是现实?世界由什么组成?事物真实存在,还是只是意象和大脑的投射?上帝存在吗?为什么世界有事物存在,而不是一片虚无?

形而上学专注于追问任何事物的形成原因,并将事物产生的轨迹追溯至"第一因"。

亚里士多德的理论认为，宇宙之初有某种存在，这种存在不是由别的事物产生出来的，而这一存在就是神。

当巴门尼德说"存在者存在，不存在者不存在"的时候，便是在进行形而上学思考。他在质问现实的本质，即真正存在的事物与人用感官体验到的世界之间的关系。

经验主义哲学家（倾向于用科学、实证的方法来研究人类知识的哲学家）对大多数形而上学的主张都有所怀疑，因为这些主张无法通过测试来证实。

第二章

希腊三贤：苏格拉底、柏拉图、亚里士多德

苏格拉底
约公元前470—前399年

苏格拉底位列"希腊三贤"之首，他出生于公元前470年左右，居住在希腊，当时正值城邦文化的黄金时代。苏格拉底的革命性在于，他将哲学思考从前苏格拉底哲学家那种对物质世界的追问向前推进，转向更为伦理性的思索：他想知道人们如何能过上美好的、有道德的生活。

所有的记载都显示，他并不是一个很有魅力的人：个子矮小，身形肥胖，秃头，鼻子扁平，个人卫生还成问题。他会随机在街道上或集市上向其他希腊公民提出问题，试图让人们更积极、认真地思考。虽然出发点是好的，但他很能惹人生气。苏格拉底的名言是"我只知道一件事，那就是我一无所知"。他希望人们能追寻事物真正的意义，而不是简单认定他们听说或自己声称的内容。苏格拉底不会给出答案，也不告诉人们他如何认为，而是相信通往真理的最佳道路是不停提出问题。

苏格拉底通过提问来探索思想的方式被人们称为"苏格拉底法"。对他而言，最重要的是人们能够了解他们自己，并学着去理解自己的灵魂。苏格拉底相信人一旦了解自己，便能过上对自己诚实的生活。苏格拉底法让我们发现自己如何思考、有何信念，以及我们是谁。通过提出问题、进行论证、互相交谈、梳理答案，我们便能对自己多了解一点。

苏格拉底没有写过任何著作，因此我们只能通过别人的记载来了解他——最主要是柏拉图的作品，柏拉图是苏格拉底的学生之一，他以对话或哲学讨论的形式将苏格拉底的观念记录下来。柏拉图的记载中有生动的人物和激烈的讨论，而苏格拉底几乎总是核心人物，对话围绕着他提出的某种概念性问题展开，比如"什么是爱"或"什么是'好'的生活"。苏格拉底认为，想要体验爱，首先要知道爱是什么；想要过"好"的生活，首先要知道何为美德。

对苏格拉底而言，美德即知识，真知即至善。他认为人会作恶并非因其本身恶，而只是因为他们不知道更好的作为是什么。他相信，如果人们真正理解善的意义，理解高尚的行为，他们绝不会选择作恶，况且作恶是损人不利己的。大致上，苏格拉底认为人类的恶行都是无知的结果，只要人们能在做事的时候多问问自己，就一定能一直做对的事。

因此，对苏格拉底而言，最好的生活方式便是以哲学思考来想清楚所有重要问题的答案。他对名誉、权力、金钱和财产不感兴趣，而是深信好的生活应该在追寻真理中度过。他那句著名的"未经审视的人生是不值得过的"正是这个意思。

苏格拉底如此鼓励人们自行思考、提出问题、挑战权威，可以想到，雅典的统治者全都对他颇为不满。他热切地想让公民反思那些确立已久的观念，尤其是关于民主的意义和雅典城邦是否在公正行事。因此，他被视为国家的威胁，并在公元前399年被判有"不敬神"和"败坏青年"的罪名。柏拉图的《申辩篇》描述了审判过程以及苏格拉底为自己的辩护。最终，苏格拉底被判有罪，虽然有缴纳罚金和贿赂狱警越狱的选择，但他决定遵从希腊的律法，喝下了毒芹酿成的毒药。他的死刑判决使学生和好友悲痛不已，但他安慰他们道："哲学就是在预习死亡。"对苏格拉底来说，哲学确实是生死攸关之事。

苏格拉底法

在公元前5世纪,"社会牛虻"苏格拉底以追问动摇了雅典的社会和政治。他的目的在于"叮咬人们,激起人们的愤怒,以换来对真理的追求"。他用苏格拉底法来与人互动:这是一种哲学询问,以缜密而系统性的问题来激发人进行批判性思考。苏格拉底让他的希腊同胞们参与到有来有往的论证性对话中,从而挑战他们持有已久或是根深蒂固的观念。他的目的不在于说服他人,也不在于进行情绪或修辞上的辩护,而是用逻辑来消除自相矛盾的观点,从而更接近真理。这一过程通常需要合作来完成,对话者基于对方的观点不断提出新观点。

在柏拉图的对话录中,有各种角色讨论哲学难题,以揭示事物的真相。他们十分投入,对话内容给人启发,具有戏剧性,有时还很逗趣。不过苏格拉底的言辞总是在挑战对方,并带来对问题更明晰的理解。

伦理学

伦理学研究的是道德原则问题。作为哲学的一个分支，它梳理、分析和定义正确和错误的行为。伦理学也被称为道德哲学，其关注点是对个人和社会而言什么是有益的。它尝试定义善行与恶行、正确与谬误、公正与犯罪、美德与邪恶，也会追问类似"我们应该怎样生活"的问题。

"伦理学"一词来自古希腊单词 ēthikós，意思是"有关人的性格"，ethos 这个词根就是"性格，道德本性"之意。苏格拉底和亚里士多德的伦理哲学被称为德行伦理学，他们认为个人的性格是其伦理行为背后的驱动力。对苏格拉底而言，知识和美德是一致的；而对亚里士多德而言，按美德行事及做正确的事可以通往幸福，因而美德等于幸福。

现代哲学将伦理学分为三种类型：元伦理学、规范伦理学和应用伦理学。元伦理学探讨道德判断的本质，例如，伦理准则的起源和意义是什么？规范伦理学关注的是人们从道德角度应该如何行动。而应用伦理学则处理比较重大的概念，例如战争、动物权利、堕胎或死刑等。

柏拉图
约公元前428—前348年

第二位哲学巨匠是柏拉图,他是苏格拉底的学生以及亚里士多德的老师,因此他的影响是巨大的。事实上,哲学家和数学家阿弗烈·诺斯·怀特海曾说过,整个西方哲学都是"给柏拉图的一系列注脚"。柏拉图不仅为西方哲学与科学奠基,还对数学、政治哲学、早期基督教和灵性有一定影响。

柏拉图于公元前428年出生在一个富裕且具政治影响力的希腊家庭,在年轻时就成了苏格拉底忠实的追随者。我们对苏格拉底哲学思想和实践的大部分了解都来自柏拉图的相关作品,这些作品就是后来柏拉图的对话录。早期的对话以苏格拉底为主角,其真正目的在于展示苏格拉底关注的哲学问题,而中后期的对话则展示柏拉图自己关于人生、宇宙和其他一切的理论。和苏格拉底一样,柏拉图对智慧充满热爱,一生致力于追寻真理。

柏拉图曾游历至埃及和意大利,并受到西西里的毕达哥拉斯学派的影响——这一学派使他相信数字的重要性,并向他介绍灵魂轮回和来世的观念。游历归来后,他在雅典开设了学院,这是世界上第一所专注于追求知识的学院。它的目标是研究哲学、科学和数学，以提高雅典城邦的生活水平。柏拉图就是在学院里结识了亚里士多德并给他上课，亚里士多德同样是希腊黄金时代的哲学巨匠。

柏拉图的哲学范围很广，他关注形而上学、认识论（见第28页）、伦理学、政治学、心灵哲学、语言、宗教和美学。他的作品内容有关于灵魂、艺术，也有关于勇敢、公正、智慧和虔信等美德。他还写到过城邦与管理、爱与友谊等主题。他从物理学和化学的角度探索自然，也研究生理学和药学。

在他的理念论中（绝大多数学者都认为这是柏拉图的观点，而非苏格拉底的），柏拉图区分了我们能用眼睛和其他感官感知的外在物理世界和只有思想可以通往的理念的抽象世界。如同巴门尼德，他努力阐释表象和现实、观念和真理之间的区别。柏拉图受到赫拉克利特的影响，同意事物总在变化或"产生"，因此难以定义。而巴门尼德认为变化是幻觉，事物只是处于静止的"存在"当中。柏拉图通过理念论表达的观点是，这两位哲学家都是对的：我们观察到的和所处的世界是不断变化的、暂时的，是由对不变的完美理念的模仿之物组成的，而理念只存在于某个超验的领域中。真正的知识是永恒的，可以在定义清晰的理念中找到。因此，想要真正了解任何事物，我们都需要理解完美的理念，即万物的理想形态是什么。柏拉图认为哲学家最适合以这种抽象的方式思考和理解理念论，因为一般人太依赖于自己的感官和事物的表象，然而现实藏在表象之后，需要深刻的哲学思考才能发现。

在"存在"的世界里，事物可以被清晰地定义，因为它们是永恒不变的，对柏拉图而言，所有的知识都存在于"存在"的世界，因此可以说知识是永恒的。在《理想国》中，柏拉图借苏格拉底之口，用寓言的手法阐述了虚幻世界和真实世界之间的差异。

想象一下，有一群囚犯，生来就被捆绑在一个洞穴里，他们能看到的只有一堵墙。他们身后有一堆火，将人、动物和物品的影子映在墙上。这些影子就是囚犯认为的现实，因为他们只知道这么多。然而一天，有一个囚犯挣脱了束缚，摸索着走出了洞穴，他抬头看到了巨大的太阳，并且看清了阳光如何照在真正的事物上，这些比影子要壮观、完美得多，他感到一切都明晰了。但当他返回洞穴向他们描述时，其他人不相信他看到的，觉得他又蠢又疯狂，他们没有向上看的渴望。

洞穴就是我们所在的世界。柏拉图的意思是，我们困在了"产生"的世界当中，一切事物都是幻象，都在流动变化。而真正的意义在洞穴之外，在"存在"的领域当中，我们通往那里的途径是学习哲学、理解理念，并发掘真相，而真相就在阳光之下。

柏拉图相信，人在出生之前灵魂曾进入过理念的世界。他相信毕达哥拉斯学派的轮回说（灵魂在死后转移到其他活物中），并由此解释灵魂掌握着理念世界的真正知识，在我们重生之前，灵魂会进入理念世界，看到完美的理念。因此，我们体内拥有一切知识，只需要提出正确的问题来揭示或重获知识。这正是苏格拉底呼吁人们选择哲学来揭示真理的原因，否则，我们将永远困在幻象的世界中。

在部分对话中，比如《理想国》和《法律篇》，柏拉图思考了国家的问题，并提出自己的政治见解。他提倡的社会等级十分严格，认为最完美的国家应该有懂得思考的精英（基本上为哲学家或领袖），起防御作用的士兵，士兵下面则是劳动者。领袖应当大力投入到哲学当中，以便能用智慧和理性治理国家。他认为国家的成功需建立在贵族制上，拥有一名哲人王做领袖。哲人王应该追求真理和智慧，寻求真实的光，了解最高的美德，无法被金钱或权力腐化——我们祝他好运吧！

柏拉图的政治哲学是颇为极权的。虽然当时希腊人在进行民主尝试，但柏拉图不认为普通人应有投票权，因为用他的理念论来看，这些人无法获得知识。他还声称要禁止艺术，同样是基于理念论，他认为艺术是对理念的虚假模仿，是浪费时间的事情。居住在柏拉图的国家里，恐怕不是那么有趣的事。

柏拉图的哲学思想十分广博，我们在这里只能触碰到皮毛。他的死不像苏格拉底那样戏剧性（据说他是在睡眠中过世），但他的一生和苏格拉底一样，在不停的审视当中度过。柏拉图发展了苏格拉底奠定的事业，教给我们如何研究哲学，他提出的问题我们在2000多年后仍在思考，这大大丰富了我们的生活。

认识论

认识论这一哲学分支关注的是知识的原理。认识论（epistemology）一词由古希腊语中的"知识"（episteme）和"理性"（logos）两个词组成，其关注点在于探索知识的本质，以及知识是如何获得和传播的。认识论的目的在于区分被确证的信念和一般观点，提出的问题包括：当我们说自己知道某事，这意味着什么？知识是什么？我们如何知道自己所知？知识是如何获得的？

针对知识如何获得的问题，哲学家们提出了先验知识和后验知识的概念。先验知识是通过推论获得的，只需要运用理性：它是我们已知晓的事情，不证自明，如存在红色这种颜色，姐妹是女性的同辈亲属，以及基本的数学规律是什么。而后验知识或经验知识只有通过亲身经验或者科学实验才能获得：想知道一杯茶是不是热的，需要亲自去感受热度，这就是后验知识。所有的知识或被确证的信念都由先验知识或后验知识衍生而来。

亚里士多德
约公元前384—前322年

亚里士多德是"希腊三贤"的第三位。他出生于公元前384年左右，17岁时前往雅典，开始在柏拉图的学院学习，结果在那里一待就是20年：先是作为柏拉图的学生，然后自己担任老师。后来，他成为亚历山大大帝的导师，又在雅典建立了自己的学院，名为吕克昂。他的学派被称为"逍遥学派"，因为他喜欢一边散步，一边教学生如何思考、论证和讨论。

亚里士多德从未停止发问，有与日常生活相关的问题，也有关于为人之本的问题。他曾提问道：艺术的目的是什么？交友的目的是什么？什么使人幸福？关于最后一个问题，亚里士多德的答案是找到"中庸之道"：他认为，过一种平衡的、高尚的生活，而不陷入极端状态，就能收获幸福——希腊语称之为eudaimonia，意思是"繁荣"。

在他的《尼各马可伦理学》（尼各马可是他的儿子，这本书即献给这位年轻人的）当中，亚里士多德提出"幸福取决于我们自身"。他的意思是，别人不能令你幸福或是不幸，只要你诚实、友善、勇敢、正直、慷慨、健康，并保持学习，就一定能获得幸福的生活。亚里士多德列举出人性的四个方面，并声明若

想过上"繁荣"的生活,就需要在这些方面达到均衡。这谈不上是什么精准的科学原理,但值得了解一下:

1. 因为我们都是作为生物存在,所以需要关照自己的身体,好好吃饭、定期运动、累了就休息。达到健康的平衡,就能获得体能的繁荣。

2. 我们还应当试着寻找情感的平衡,确保自己避开使我们不快乐的事物,多做让我们感觉良好的事情。

3. 作为人类,我们更适合群居,因此与他人共同生活、保持社交对个人幸福大有裨益。

4. 也许人性中最重要的一方面就是学习、创造和自我表达的能力。我们如果遵从自己的兴趣,保持学习,不断探索新事物,就能收获幸福。

亚里士多德对形而上学的贡献在于他摆脱了老师柏拉图的影响。他提出,物质和形式都是真实可感的,这不同于柏拉图那种事物存在一个超验的理想原型的观点(见第24页,柏拉图的理念论)。亚里士多德认为,现实就在当下,可以用清晰明确的方法来定义我们眼前的事物。

为了说明如何定义身边事物,他提出万物皆有"四因"。首先是质料因,即构成事物的真实材料,例如"这张桌子是木头做的"。其次是形式因,即质料以怎样的形式出现,仍以桌子为例:我们知道桌子是桌子,因其有四条腿和桌面,且木制零件的形状和组合呈现出桌子的形式。再次是动力因,即事物的创造者,在我们的例子中,木工就是桌子的动力因。最后是目的因,事物为其所是,部分就在于其目的:即使面对的是一张不太常规的桌子,我们也能确认这是一张桌子,因其被制作的目的就是如此,它使用桌子的材料,也被用作桌子。这一理论在我们周围的物质世界已根深蒂固,但在亚里士多德的年代则是前无古人。

亚里士多德还创建了逻辑学,为世界贡献了可以验证事实的逻辑体系。他提出的推理工具叫三段论,这种推理包含两个前提和一个结论。例如,"所有人都是会死的,希腊人是人,因此希腊人是会死的"。如果两个前提都为真,那么就可推出结论。夏洛克·福尔摩斯破案时通常使用的就是这种方法。

亚里士多德对于逻辑论证的发展和他研究自然科学使用的经验式方法让我们看到了理性主义的蓝图。亚里士多德被认为是有史以来最伟大的人之一,被称为科学之父。他的理论和观点几乎对所有学科都有影响,无论是物理学、生物学、动物学、地理学、诗学、政治学,还是管理学、戏剧、音乐和伦理学。

怀疑主义

当苏格拉底声称自己一无所知时，他的这句话就表现出怀疑主义的倾向。怀疑主义者是这样一群哲学家，他们相信绝对而确定的知识是不可能获得的。这一主义的支持者对某一命题会同时给出令人信服的正反两方面意见，有点像自己在进行内心斗争。通过对所有立场进行严格的正反论证，怀疑主义者得出结论：没有任何事可以得到清楚无误的答案，尤其是对于本具争议的话题，例如：上帝存在吗？死后还有来世吗？

最早的怀疑主义学派创始人是哲学家皮浪（约公元前360—前270年）。据说他曾随亚历山大大帝的军队去过印度，在那里与哲人交谈，回到希腊后完全"松弛"了下来，决定对任何事都悬置判断。他对事物不持观点，不肯定也不否定，并在其中获得了平静或者说"毫无纷扰"（远离担忧和焦虑）的状态。

如今我们说一个人持怀疑主义观点，就是说他对事物的真相表示怀疑，这直接指向皮浪的思想，和他"无所谓"的态度。在历史中，怀疑主义的地位曾起起落落。罗马人对此不感兴趣，中世纪的人们更是不了解。不过当古代文献在文艺复兴和宗教改革运动时期被翻译成拉丁文时，怀疑主义又重新激起人们的兴趣。勒内·笛卡尔（见第79—80页）用怀疑来挑战怀疑主义，这使他广为人知。在《第一哲学沉思集》（1641年）中，他试图通过消除思考中所有的不确定性，来证明绝对的真理是存在的。在不懈地追问他心中所有的真理后，他提出了一件确定的事，即"我思故我在"。他由此证明古代人是错误的，因为绝对确定的知识是可能的。后来，18世纪的英国哲学家大卫·休谟（见第84—85页）提出，你无法证明任何事物存在于意识之外——他对一切都有所怀疑。

第三章

东方哲学

古希腊的哲学家们为我们了解的西方哲学奠定了基础，与此同时，东亚和南亚的哲学也在发展。印度各地的多样文化传统和信仰体系融合在一起，形成了印度教，有超过10亿的信徒。

印度教的思想起源是名为《吠陀经》的梵语文本。在梵语中，吠陀（Veda）是"知识或智慧"的意思。《吠陀经》属于世界上最古老的神圣经典之一。有一部《吠陀经》的选集叫作《奥义书》，可以追溯到公元前800年，其内容有关于本体论或者说是对存在的哲学检视。人们通常认为《吠陀经》没有作者，或是梵天（印度教的创造之神）的语录，但很多印度神学家认为这些内容是智者通过沉思获得的启迪。《吠陀经》提出的哲学概念和观点，其中一些内容与佛教和耆那教相通，这两种宗教同样是源于印度的颇具影响的东方哲学。印度教的核心在于理解一点：人类的受苦来自无知，而知识会将个体从苦难中解放出来。印度教中的认识论认为，获取知识要通过对可靠的专家和现实情况进行感知、推论、比较、证明。

印度教哲学关注婆罗门（现实）、自我（个体的精神）和原质（经验世界）各自的本质及其之间的关系。佛教徒不相信灵魂或自我的概念，而印度教则不同，其认定灵魂是永恒而轮回的，并且是整个世界的基础。

耆那教是一个不太传统的印度哲学分支，探索有关形而上学、实在性、宇宙论、本体论、认识论和神学的概念。其哲学理念是身心二元论（心灵与身体是分离的），并认为存在一个永恒的宇宙。耆那教认为真相是相对而多面的，并且相信所有可能的观点都是可以调和的。耆那教提倡素食主义，并大力推行非暴力原则。像佛教与印度教一样，耆那教遵从"业"和"解脱"的法则。解脱是一种至福的状态，即摆脱了业的束缚和生、死、重生的循环，佛教称之为涅槃。

佛教

佛教是基于佛陀悉达多·乔答摩(释迦牟尼)的教义而诞生的东方哲学。相传悉达多于公元前623年左右出生于古印度北部迦毗罗卫国(今尼泊尔境内),生长在极具权势的宫廷当中,然而当他在宫廷外接触到死亡、痛楚和苦难后,决定踏上旅途,去寻找能让人类少受些苦的方法。他问道:"我们应该如何生活?"

悉达多为寻找答案探索了许多不同的方法,直到在一棵树下沉思时,他才领悟到,要终结苦难的方法是改变我们对生活中负面事物的看法和态度。这个"灵光一闪"的时刻被称为悉达多的"觉悟"时刻,从此以后,他便被称为"觉悟者"佛陀。他决定用余生来教人们如何过上更正面、更愉悦的生活。他认为人应当遵循"中道"的理念,这与亚里士多德的观点类似,后者相信避免走极端就能过上更为幸福的生活。

佛陀说,应该"正确"行事。在他的观念中,一件"正确"的事需要由正确的人,在正确的地点和正确的时间,出于正确的理由,以正确的方式来完成。

佛教徒认为冥想是通往开悟的道路,同时也有助于建立同情心、友爱、耐性、慷慨和宽仁之心,这些都是佛教教义推崇的美德。佛陀一词的本义就是"觉悟",因此要想过上幸福的生活,人要确保自己精神集中,时刻有意识地思考自己的所言所行。

佛陀还说,重要的是理解三种存在方式:第一,人必须明白一切都在变化,无论怎样努力也无法阻止变化;第二,人需要接受自己总会遭遇困境的现实,而最好的办法是改变对困境的看法和反应,这可以让自己更为平和地生活;第三,佛陀认为我们是一体的,认为自己独立于他人或宇宙是错误的观点,必须明白你我皆为一体,并因此爱护所有生命。

佛教相信转世,即每个人都有许多世的生命。我们出生、生活、死去、重生,这一过程被称为轮回。而你这一世的生活是否幸福,取决于你的业。

业

业（Karma）在梵语中是因果报应的意思。根据业力法则，所有的行动和思想都会带来相应的奖励或惩罚。基督教的《圣经》中也有业力的观点："人种下的是什么，收获的就是什么。"如果你行善，就会有好事发生，你将会感到愉悦和幸福；如果你作恶，就会有坏事发生，你将会感到不满。

业告诉我们，要对自己的行为负道德责任，因为这会影响我们未来的生活。每个人都会经历轮回，包括死亡和重生，如此受苦，直到达到涅槃的状态。涅槃是人类终极的目标，可以形容为一种觉知的状态，摆脱了一切苦难和欲望，这是一种深层次的平和与至高状态的智慧。印度的救赎论认为，从轮回中解脱需要个人此世持正确的观念，做正确的事，因其来世正是基于此。事实上，据此观念，人的现世是受诸多前世影响而成。在印度哲学中，业起到道德法则的作用，来激励人过符合道德的生活。

孔子
公元前551—前479年

孔子是中国春秋时期的鲁国人，是教育家、哲学家和政治理论家。他出身平凡，但其学说对东亚文明有着非凡的影响。孔子致力于学问，从15岁起就四处寻找最好的老师，学习并掌握了六艺，即礼、乐、射、御、书、数。他还精通诗歌和历史。到三十多岁时，孔子已经成为一位卓越的老师。他证明了通过学习，所有人都能拥有大智慧、获得价值，哪怕出身普通。对孔子而言，教育是其哲学的核心，他将教育视为获取智慧、建立人格和改造社会的手段。

孔子十分相信通过检视过去，人可以明白应该怎样生活，因此他探讨有哪些传统应该留存，及其留存的原因，并得出结论：关爱他人、忠于家庭和朋友是为人关键。他总结道，幸福和社会的和谐之本在于建立道德共同体，以及提倡社会价值和传统。孔子建立起的儒家思想的哲学性强于宗教性，在过去的2000多年里对中国的精神生活和政治生活有着深远影响。

儒家思想是一种人文主义哲学（不关注神或上天，而是重视人和社会），其出发点是人应为自己的行为负责，还将这一点延伸到家庭上面。孔子信奉孝道，认为人应该尊敬长者、重视家庭，并认为成为好的孩子、家长、兄弟姐妹或朋友，在道德、社会和政治层面都有重要性。儒家思想提出，个人修身对社会有益，并将带来良好的社会秩序，而这是政治稳定与和平的基石。

孔子认为政府有教育人民的责任，这样才能达到治理机构与治理对象的"互相理解"。而领袖应当以身作则，应有全面的学识、清廉的道德准则——这一观点与柏拉图的哲人王观点有相似之处。

儒家思想将家庭伦理视为公共事项而非私人事项，且认为群体是至关重要的。孔子认为"仁者，己欲立而立人，己欲达而达人"。儒家思想的核心是"黄金法则"（见下页）[1]。

---

[1] 下页的黄金法则指的是孔子所说的"己所不欲，勿施于人"，属于儒家核心思想"仁"的具体表达，属于"忠恕之道"的关键部分，但儒家思想的完整核心仍是以"仁"为本的多元体系。——编者注

黄金法则

孔子对黄金法则十分坚信，认为这是良好生活的关键所在。他曾说："己所不欲，勿施于人。"只要记住这条法则就够了，这是其他一切的基础。在世界范围内，黄金法则对于社会秩序和哲学思想都至关重要，哲人们几千年以来都认为这是为人的道德标准。亚里士多德说："我们对别人的行为应该像我们希望别人对我们的行为一样。"公元前30年，犹太拉比大希勒尔说："你所憎恶的事，不要对你的同胞去做，这就是全部的真理，其余都是对此的说明，去领悟这一点吧。"约公元30年，耶稣也说过："所以无论何事，你们愿意人怎样待你们，你们也要怎样待人。"虽然此法则受到一些故作聪明者的批评（如果他人有不一样的善恶、苦乐标准怎么办？），但从根本上看这一道德原则是无须思考的道理：做善良的人，对他人友爱，因为你也会希望别人这样对你。黄金法则提倡，人做会影响身边人的事时应该负责任。它要求个体对他人有同理心、爱心和同情心，因为我们也希望别人如此对我们。

老子
约公元前6世纪—前5世纪

老子也被称为"太上老君",或是有点奇幻色彩的"太上玄元皇帝",是中国古代的哲学家及作家。据说他创作了《道德经》,这是道家思想最重要的文献。老子生活的年代不明,甚至无法确认他是否真实存在,不过有人认为他生活于公元前6世纪至前5世纪,有许多中国传说故事讲述了他的出身和人生经历。据说,他是周朝这一强盛王朝中掌管宫廷档案的史官,并且和孔子是同时代人。

据说老子厌倦了周王朝与日俱增的堕落和腐败后,决定离开,但守卫要求他写下自己的观点,这些集结老子智慧的观点就成了《道德经》,也称《老子》,里面的一系列格言或警句阐明了老子关于"道"与"德"的理论。

一些历史学家对《道德经》的作者身份提出疑问,认为这是许多人的集体创作,作者不止老子一人。不过无论书的作者是谁,这本书都形成了中国传统道家思想的基础。《道德经》最根本的概念是"道",字面意思是"道路",虽然书中声明要定义"道"是不可能的,但大致来说,道指的是宇宙背后的巨大力量,同时也是宇宙本身。道家思想提倡与道一致的生活。要达到和谐,人需要进入"无为"的境界,即培养平静的性格,避开纷争与暴行,不逐名利。道家思想的追随者认为我们的本性是与道一致的,通过《道德经》的思想,我们可以回归和谐平静的自然状态。

第四章

古代哲学

在雅典的"黄金时代"(苏格拉底、柏拉图和亚里士多德探索了诸多新奇观点)之后,一个动荡而混乱的时代到来了。亚历山大大帝死于公元前323年,此后他建立的帝国分裂为几个斗争的派系,互相抢夺土地和财富。动荡的局面使罗马这一城邦日渐富饶,获得了足够的武力和权力,并建立了帝国。罗马帝国在其鼎盛的公元前117年占据了欧洲、北非和中东大部分的土地。从亚历山大大帝去世到罗马帝国于公元前31年建立的这三个世纪里,哲学思想快速发展,新的观点在新建立的帝国中穿梭。在古希腊-罗马世界里最具影响力的三个哲学流派是伊壁鸠鲁主义、犬儒主义和斯多葛主义。

伊壁鸠鲁主义

伊壁鸠鲁主义是古希腊哲学家伊壁鸠鲁（公元前341—前270年）于公元前300年左右创立的哲学思想。伊壁鸠鲁主义的核心是强调所有人都应该过一种尽量快乐的生活。虽然被批评者斥为不道德的享乐主义者，但伊壁鸠鲁并不提倡放纵的生活，而是提出生活的目的在于达到宁静或"毫无纷扰"（ataraxia）的状态，过一种没有身体痛苦或恐惧的生活，这种境界被称为"免除痛苦"（aponia）。同时达到"毫无纷扰"和"免除痛苦"的状态，就能获得最大的快乐，伊壁鸠鲁称通过节制可以达到这种状态，避免奢侈和纵欲给人带来的不悦。

伊壁鸠鲁认为，众神存在于世界之间的区域，他称之为"中间地带"（metakosmia），但众神对人间的事务没有兴趣，因此人们可以大胆追求快乐，不必担心被惩罚或审判。他认为我们在世界上的生命如此短暂，应该享受生活——他相信我们的思想和自由意志本来就允许我们追求快乐的生活，而不用觉得需要听从别人的教导。

伊壁鸠鲁得出结论，使人快乐的不是财

富、地位、权力或婚姻。对他而言，最好的生活是多交朋友，并从事能带来满足感和意义感（而不是为了赚大钱）的工作，并且工作不会花费过长的时间，以致耽误了和喜欢的人相处。他认定最好的生活方式是在朋友身边，于是在雅典城近郊成立了一个社群，志同道合的人们在此聚会、工作、互相照料，每天都有时间来提升自己的思想、理解自己、进行哲学思考。

伊壁鸠鲁还关注人们对死亡的非理性恐惧。他认为我们死后便不复存在，也就不存在任何关于死亡的经历，因此活着的时候就惧怕死亡或担忧死亡为我们带来的痛苦是很愚蠢的。伊壁鸠鲁受原子论者的影响，认为灵魂是由微小的原子组成的，当身体死去后，原子便分解到巨大的真空中不见了。如果这就是你的命运，那么为什么不专注于做最好的自己，追求真正使你幸福的事呢？

犬儒主义

犬儒主义兴起于公元前4世纪的古希腊,并持续影响着罗马帝国的思想。这一主义发源自古希腊哲学家的禁欲主义思想,代表人物有安提斯泰尼、第欧根尼,以及后来的底比斯的克拉特斯。犬儒主义的核心是过符合本性的高尚生活,拒绝对财富、资产、社会地位或权力的向往。犬儒主义认为,幸福存在于朴素之中,人不需要外物来获得幸福,它倡议以符合每个人本性的方式生活,不被外界强加的习俗所约束。

犬儒主义者选择完全真实地生活,按自己的本性直觉行事,而不是听从社会的期待。这对社会制度而言就像一句无政府主义的"去你的",即"我不会按你的指导行事,因为你让我做的事违背了我的本性,让我跌入寻求社会认可、地位和财富的不幸陷阱"。犬儒主义者的目标是主动挑战并拒绝强加的政治规则和社会规则,从而完全诚实地生活。

犬儒主义的创始人之一是锡诺帕的第欧根尼(约公元前412—前323年),他被锡诺帕(如今的土耳其)流放后曾到过雅典,在那里受到了苏格拉底的学生安提斯泰尼的影响。第欧根尼发展了苏格拉底的学说,即幸福在于过高尚的生活,而不是寻求愉悦。

第欧根尼将这一理念发展到极致,他几乎是赤身裸体在雅典街道上的一只木桶内生活,一无所有。他实践自己的哲学,过一种真正的犬儒主义生活,毫无愧意地拒绝社会规范和期待。他乞讨食物,随心所欲地便溺,对于食物和进食地点毫不讲究,嘲笑人们的虚荣及其对不重要的事物和想法的执着。"犬儒主义者"一词来自希腊语的kynikos,意思是"像狗一样"。第欧根尼和他的犬儒主义同伴们就被别人蔑称为"狗",因其像狗一样生活在大街上。

底比斯的克拉特斯(约公元前365—前285年)后来发展了犬儒主义,他是希腊哲学家,同样抛弃了财产住在雅典的大街上。他爱上了玛罗涅亚的希帕基亚(约公元前350—约前280年),两人结了婚。希帕基亚同样是犬儒主义者,并且是最早一批的女性哲学家。他们的婚姻和共同生活是完全平等的,这在古代雅典的丈夫与妻子关系中是前所未闻的。克拉特斯创作了一些诗歌,都提倡禁欲生活,即自我约束、不纵欲,不被欲望和诉求困扰。他认为犬儒主义者应该满足于现有事物,并鼓励人们只吃扁豆,因为任何更为华美的食物都会激起人的食欲,从而变得好斗。克拉特斯是基提翁的芝诺的老师,芝诺将犬儒主义发展为影响深远得多的斯多葛主义哲学。

斯多葛主义

和犬儒主义一样,斯多葛主义的根本在于依照本性和自然状态生活。斯多葛主义能令普通人产生共鸣,因此是一种很受欢迎的实用哲学,人们可以在生活中积极应用。斯多葛主义最初由基提翁的芝诺(约公元前334—前262年)于公元前300年左右创立,芝诺是古希腊哲学家,并且是犬儒主义哲学家底比斯的克拉特斯的学生。后来,在公元前1世纪,古罗马的哲学家们进一步发展了斯多葛主义,如塞涅卡(见第56—57页)、爱比克泰德(见第58—59页)和既是罗马皇帝又是哲学家的马可·奥勒留(见第60—61页)。

斯多葛主义的关注点在于道德准则,而斯多葛主义者深受苏格拉底的影响,认为人有必要通过检视自己的信念和按高道德标准来"认识自己"。

斯多葛主义的核心是认识到我们经历的大多数事情都在控制之外。我们能控制的是如何看待发生在自己身上的事,我们可以通过改变看待事件的角度,影响自己的情感反应,从而避免焦虑的感觉。爱比克泰德总结道:"困扰人们的不是事物本身,而是他们对事物的看法。"

根据斯多葛主义的观点,提升幸福感的方法是降低对生活中事件的期待。很多的失望和情绪上的折磨源于对事情的期待高于实际结果。斯多葛主义认为,我们应该感谢我们所拥有的,而不为没有的心烦,去想事情如果和现在不同会怎么样是没有意义的。人生苦短。

如今,斯多葛主义思想在认知行为疗法中得到应用。这种治疗焦虑和抑郁的方法鼓励人们反思并梳理自己对事件的解读,就像苏格拉底提倡的那样,这可以改变他们对事件的想法和观念。如果我们运用斯多葛主义的思想做出更理性的情感反应,就能提升精神健康和幸福感。

塞涅卡
约公元前4—公元65年

塞涅卡于公元前4年左右出生于当时属罗马帝国的西班牙科尔多瓦,后来的大部分人生则在罗马从事政治家和作家活动(据说他创作的悲剧影响了莎士比亚)。他的书信和哲学作品专注于伦理学讨论,受到芝诺等早期斯多葛主义者的影响。

他过着多灾多难的生活。他常常身体抱恙,时不时陷入严重抑郁。在公元41年左右,他被罗马新的统治者克劳狄乌斯流放,罪名是与皇帝的妹妹卡利古拉通奸,但塞涅卡十年后回到了罗马,并成为尼禄的导师,后者即将成为罗马皇帝。然而,最终是尼禄结束了塞涅卡的生命。尼禄不公正地指控塞涅卡谋划策反,并命令其自尽。正是由于其一生艰难多舛,塞涅卡才投身于斯多葛主义来缓解痛苦。他以书信为主的作品是一份斯多葛主义的指南,教人如何处理生活中的好运和厄运。

他确实交过些好运。他一度是罗马最有钱的人,但他提醒人们不要错用财富或是依赖财富,他说:"智者视财富为奴隶,愚者视其为主人。"

他还告诫人们不要浪费时间。在他简短的文章《论生命之短暂》当中,他写道:"我们的生命不是本来就短暂，而是我们使之变短，我们不是生命不足，而是过于浪费。"他认为幸福存在于自我认识和自控之中，尤其是控制愤怒或恐惧这些激烈的情绪。和其他斯多葛主义者一样，他支持受一点苦可以使性格成长的观点，他说："受苦是一种试炼，它会让人变强，而愤怒、悲伤和恐惧是情绪陷阱，会使人成为奴隶。"在他于生命即将终结时写给鲁基里乌斯的信中，塞涅卡思考着死亡，以及斯多葛主义的提法：对抗我们的恐惧，接受最坏的可能性，勇敢面对生与死的不可避免，从而充分过好人生。

当塞涅卡的人生被尼禄下令缩短时，他选择了"斯多葛"式的态度来面对可怖的死亡。他按传统自尽方式冷静地喝下毒药，割破了自己的手腕。不幸的是，据说他的血流得很慢，毒药起作用也很慢，他只好泡在热水浴里来加速流血过程，结果在蒸汽中窒息而亡。可怜的人。

爱比克泰德
约 55—135

另一位具有影响力的斯多葛主义者爱比克泰德于公元55年出生在一个奴隶家庭。他在第一任主人那里遭受了无情的对待，常常被打得遍体鳞伤。然而他的第二任主人要有人性得多，他带爱比克泰德去了罗马，允许他在那里跟随斯多葛主义哲学家莫索尼乌斯·鲁弗斯学习，并最终给了爱比克泰德自由。爱比克泰德由此开始授课。爱比克泰德自己的文字没有留存下来，但他的学生亚利安将他的学说抄录为《爱比克泰德论说集》和《爱比克泰德手册》。

爱比克泰德的斯多葛主义学说完全面向普通人，并从他自身的痛苦经历中提取了很多内容。他提出，即使身体被奴役，思想仍然可以有自由的意志——我们可以掌控自己的信念和想法。其他的几乎一切都在我们的掌控之外，因此无须为之担忧。他认为不幸福来源于试图控制不在自己权力之内的事，因此了解自己能控制与不能控制什么是关键所在。不过，人可以掌控自己如何去做，因此需要明智地选择行动。

爱比克泰德还提出，我们绝不应该为失去而痛苦，因为本来事物就不真正属于我们。他认为，只有我们的思想真正是我们的，因此为自己负责以及为自己的思想负责十分关键：不能为自己的不幸责怪他人，因为不幸本身是一种观念，让我们痛苦的不是不幸，而是我们对不幸的看法。爱比克泰德告诉我们，人生总会向我们发起挑战，我们不可避免会受到意外的打击，但是沉浸在生气、愤怒、沮丧或难过的情绪中只会带来更多不必要的痛苦。运用斯多葛主义的思维模式，面对挫折采取无动于衷甚至是乐观的态度，就能达到真正的自由以及"毫无纷扰"或者说心平气和的状态。越战期间战机被击落的美军飞行员詹姆斯·斯托克代尔中将，靠着爱比克泰德学说的知识忍受住了七年半的俘虏生活。他遭到严刑逼供，受了可怕的重伤，并多年被单独监禁，但他靠坚定的斯多葛主义存活了下来。

马可·奥勒留
121—180

马可·奥勒留生于公元121年,在人生早期阶段就对哲学产生了兴趣。他尤其热衷爱比克泰德的斯多葛主义哲学,并一生投身其中。他于161年起成为统治罗马帝国的皇帝,直到180年去世为止。他在位期间困难重重,要处理瘟疫、洪水、地震和叛乱等问题,不过在斯多葛主义哲学的指导下,马可·奥勒留成了出色的帝国统治者,被视为"五贤帝"中的最后一位。

他生命的最后十年一直在与日耳曼部族进行战争。正是在这样激烈的冲突中,奥勒留写下了《沉思录》这本斯多葛主义的自助指南。《沉思录》并不是写给大众的,他记录的是自己每天的经历,写下让自己烦恼的事并加以分析,从不同的视角检视这些事,以求找到更健康的面对困难的态度。

因此,我们知道了世界上最有权势的人是如何处理自己的恐惧与忧虑的。他那些自助智慧的格言与金句可以化用到普通人身上,给很多人启迪,包括美国总统乔治·华盛顿和比尔·克林顿、许多军事领袖、体育界和商界名流。就连J.K.罗琳也是他的粉丝,她在推特上发文说,马可·奥勒留从不让她失望。

像所有真正的斯多葛主义者一样，马可·奥勒留亲身实践自己的信仰，实实在在达到了斯多葛主义的标准：耕耘智慧与美德、拒绝诱惑、对自己控制外的事物漠不关心。他极为注意要谨慎地生活，专注于手头的任务和当下时刻，他说："提醒自己，过去和未来无法影响你。影响我们的只有当下，并且其力度可以减至最小，只需圈定出界限。如果你的思想声称做不到这一点，那就要坚持对抗你的思想。"

斯多葛主义在后来的许多年里对宗教与哲学都有着巨大的影响。

第五章

中世纪和文艺复兴哲学

罗马帝国在公元2世纪达到鼎盛，到4世纪时，其因过于庞大不得不分成两部分：东罗马帝国（拜占庭帝国）和西罗马帝国，并且基督教开始取代异教信仰。虽然有着巨大的权力和影响力，到了5世纪时帝国却被自己的重量压垮了。西罗马帝国开始衰落，罗马于公元476年被攻陷，欧洲陷入混乱状态中，哥特人、匈人、汪达尔人、撒克逊人、维京人等野蛮部落大举入侵、大肆混战、大开杀戒。拜占庭帝国延续了约1000年，直到同样遭到入侵。

5世纪到15世纪间的这段世界史被称为中世纪，夹在古代和近代之间。这段时间被视为知识的"一潭死水"时期，值得注意的成就很少。然而，虽然社会和政治环境骚乱不息，缺少历史记录，哲学家们仍然在思考。西方的哲学由基督教哲学家主导，且从11世纪左右起，经院哲学便成为批判性思考的主流模式，这是一种教授于中世纪大学的神学与哲学体系，强调基督教传统与教义（见托马斯·阿奎那，见第66—67页）。

这一时期，一种新宗教在东方出现了，这就是伊斯兰教。穆罕默德的宣讲从公元7世纪初起持续了23年，接下来便是伊斯兰教传播的阶段，以及"伊斯兰黄金时代"。开罗、科尔多瓦等新建立的城市成为智性活动的中心，哲学也随之兴起。

对哲学界来说，那时至关重要的一件事是亚里士多德的大量作品被译成阿拉伯语。伊斯兰教哲学家如

伊本·西那（西方称其为"阿维森纳"，980—1037）和**伊本·路世德**（西方称其为"阿维洛伊"，1126—1198）一边学习亚里士多德和柏拉图的作品，一边学习伊斯兰教的教义，并试图用逻辑来论证真主的存在。伊本·西那既是技术超群的医生也是哲学家，在其哲学著作《治疗论》中，他引用了亚里士多德的观点，即必然的存在与可能的存在的区别，并得出符合逻辑的结论：事物存在的唯一条件是已经有先前存在的事物。我们可以将存在追溯至第一因，即先于所有其他事物的独立存在。

亚里士多德和柏拉图的作品从古希腊语被翻译成阿拉伯语后，又被译为希伯来语和拉丁语，随后在中世纪的西方被重新发现。于是基督教的哲学家们开始尝试调和基督教信仰与柏拉图和亚里士多德的哲学，而后者与经院哲学家不同，不相信具象化的神、造世主或不朽的灵魂。1135年出生于科尔多瓦的犹太哲学家兼医生迈蒙尼德曾在其《迷途指津》中称，任何理性与神谕的冲突归根到底都看读者如何诠释《摩西五经》，所以人们需要将其反复阅读。他认为，理性是可以证明宗教的真实性的。迈蒙尼德这种调和亚里士多德经验主义思想和犹太教《圣经》的尝试影响了西方的基督教哲学家，尤其是托马斯·阿奎那。

托马斯·阿奎那
1225—1274

托马斯·阿奎那于1225年出生在意大利的一个贵族家庭,是经院哲学家与神学家。"经院哲学"一词来自拉丁语的scholasticus,意思是"学校",指代的是修道院学校和中世纪大学中采取的教学与学习方式。经院哲学的研究方法是辩证法,即通过固定程序的辩论来接近真理,辩论内容包括逻辑论证和矛盾消除。经院哲学家研究古希腊的著作,翻译伊斯兰哲学家的阿拉伯语注解材料,试图将哲学与自己的基督教信仰进行调和。

阿奎那的研究正如上所述,他书写了自己对各种神学与哲学主题的辩证。他最有名的作品《神学大全》系统呈现了他的基督教哲学。和亚里士多德一样,他认为真理是通过对自然的发现和理性认识得来的,不过阿奎那还认为有一些真理可以通过神谕获得。他将二者进行区分,但认为二者是互相补充的。在《神学大全》中,他试图对天主的存在进行"五路证明"。

阿奎那接受宇宙及其万物都是随其他事物变化而不断被推动的,但他认为这一动态链条的起点一定是一样不变的事物。因此,他证明天主存在的"五路"

中的第一路论证，便是天主为"最初的推动者"。作为"不动的推动者"，天主使所有的运动和变化发生。

他的第二路论证是其理论的核心，即他相信天主是第一因，或者说万物形成的动力因。第一因的概念认为，一切事物都是由他物构成的，而万物的构成源头都可以追溯到一个原初的第一因。阿奎那论证说，以逻辑思考，事物形成的链条一定是由某物启动的，宇宙一定有一个起点（显然大爆炸理论当时还没有提出），他进一步结合自己的宗教信仰，提出这个不借他物的成因就是天主。这似乎与亚里士多德提出的"宇宙一直存在"的学说相悖。在亚里士多德看来，宇宙从始至终都在运动和变化，因此不可能存在第一因或不借他物的造物——宇宙是一条无尽的创造链。

第三路论证，是天主为一种必然存在，是非偶然性的，即天主不像别的事物那样依附于他物偶然存在。这套论证体系中的第四路是天主作为善之顶端，是其他事物善之程度的比较标尺。最后，第五路论证说天主是最崇高的智慧，指引自然向着最终目标发展。当然，阿奎那的论证有很多缺陷，但他对中世纪的基督教学说有着重大影响，因此被认为是一位圣人，也是天主教会最伟大的神学家。

奥卡姆的威廉
约1287—1347

另一位备受争议的神学家和哲学家是奥卡姆的威廉,他因为自己的观念被逐出教会。他在哲学思辨上比阿奎那更进一步,坚称上帝的存在永远无法真正用理性证明。他区分了哲学思辨和神谕(信仰),认为两者之间并无关联。

奥卡姆的威廉的思想核心是避繁就简。他的吝啬定律被称为奥卡姆剃刀原理,对哲学和科学实践都有重大影响。所谓"吝啬"是指要节省资源,奥卡姆提出任何理论都应该用最简单的方法来解释现象。因此,如果你面临着对某事物的多种解释,你应该永远选择那个基于最少假设(或变量、因素、成因)提出的解释,或是最简单而又符合逻辑的解释。举例来说,我看到有水透过天花板从楼上浴室的位置漏下来,可能的解释有:

1. 浴室管道漏水了,水渗过天花板流了下来。
2. 有人开着浴室的水龙头但忘了拔出塞子,水淹没了浴室。

在上述两个解释中,1的可能性更大,因为这是最简单的解释，变量最少；而2需要加上一个人、没有拔出的塞子、开着的水龙头，还要发一场大水！奥卡姆剃刀原理教我们在任何环境下都应该提出最直截了当的设想，那么你很有可能多数时候都是对的。

文艺复兴

14世纪时，一场艺术与智性活动的复兴与"重生"开始了。这一文化运动从意大利发起，由列奥纳多·达·芬奇和米开朗琪罗等"文艺复兴巨匠"作为主要代表，其在绘画、雕塑、工程、建筑、物理、音乐和哲学方面取得的极大进展，对更大范围的艺术、科学、政治、宗教和哲学都产生了影响。思想家们将注意力转移到更为人文的哲学角度上，十分关注人们当下经历的现实。文艺复兴的人文主义者是指一些14至16世纪的思想家，他们从压抑的经院哲学中解放出来，转而专注于人文学科，研究历史、诗歌和哲学，好让人们可以参与公共事务，改善社群环境。文艺复兴的人文主义者们重新发掘了古希腊文学、柏拉图的思想，以及斯多葛主义、伊壁鸠鲁主义等学派思想。神学和哲学之间的距离越来越远，哲学开始拥有更大的主体性。较为激进的学者对天主教会持有理性和批判的态度，如**德西德里乌斯·伊拉斯谟**（1466—1536）和**马丁·路德**（1483—1546），他们质疑天主教会领袖及其教义的道德性。

在15世纪中叶，约翰内斯·古腾堡的活字印刷术真正使世界发生了革命性的改变，书籍复制的速度大大提升，成本大大降低。这对于社会的全部成员都有广泛而深刻的影响,人们拥有了学习和传播思想的手段,这些不再只限于受过教育的神学家和崇高的哲学家。

尼科洛·马基雅维利
1469—1527

文艺复兴的人文主义者将视线转向了人文学科，想要探究真实的生活经历。在深入人类行为的现实这方面，没有人能超越作为政治哲学家和佛罗伦萨共和国外交家的尼科洛·马基雅维利。他亲身处于佛罗伦萨共和国黑暗的政治环境中，将这一经历加上自己的观察，写成了出版于1513年的"领袖手册"《君主论》。他在书中提倡舍弃马可·奥勒留那种公正而高尚的统治方式，而选择更为狡猾、残酷的手段，我们现在称之为"马基雅维利主义"。他教导领袖如何获得权力，并进一步保有权力。他认为，人普遍而言是十分邪恶的，"对于人类，我们可以说他们总体上是善变、虚伪和贪得无厌的"。因此领袖需要无情地统治，将恐惧刻入臣民心中。君主为达目的，应该不择手段，即使是残酷的手段。

马基雅维利挑战了政治的理想主义，坚持认为领袖应按社会和政治现阶段的实际情况来统治，而不是按照理想模式。这种现实主义朝向也影响了自然哲学，使弗朗西斯·培根这样的伟大思想家在科学领域有了革命性的发现。

弗朗西斯·培根
1561—1626

弗朗西斯·培根爵士是英国哲学家、政治家、散文家和科学家。他于1561年生在一个极其显赫的家庭中。他学习法律并从事过律师职业,后来成为成功的政治家,担任了许多政府重要官职,包括1618年被任命为英国上议院大法官。他的人生颇为"精彩":他完全不善理财,过着挥霍无度的生活,在1598年甚至因欠下赌债未还而被捕。1621年,他的名声进一步变坏,被指控贪污受贿,在伦敦塔被关押了一段时间,并被禁止担任政治职务。

尽管有这些不端之举,培根仍然是一位伟大的科学家,他写出了具有影响力的作品,并发展了"科学归纳法",这是一种通过观察、实验和推论来获取知识的方法。他坚定地认为真理需要以坚实的经验证据为基础,这取代了先前公认的方法,即只需通过可靠的论证就能得到科学真理。培根使科学朝着我们今天熟悉的样子前进了一大步。先验知识或者说独立于经验的知识被淘汰,而后验知识或者说依靠经验证据获得的知识得到认可。

培根认为科学知识的进步能够改善人的生活,这才是关键,而不是获得学术成就或个人的社会地位。他的名言是"知识就是力量"。

第六章

现代哲学

文艺复兴时期（约1400—1600）以其艺术与文化的进步标志着历史与哲学上的现代阶段开启。思想家大胆地挑战占主导地位的天主教会信仰，尽管后者在整个欧洲有着压倒性的话语权。1632年，卓越的科学家伽利略·伽利雷发表了《关于托勒密和哥白尼两大世界体系的对话》，这本书质疑了教会采用的托勒密式宇宙观，即地球在宇宙的中心，太阳围绕地球运转。伽利略用新发明的望远镜，支持了哥白尼的学说，认为实则是地球和其他行星围绕太阳运转。天主教会拒斥这个观念，在一场宗教法庭的审讯后，伽利略被判有异端邪说罪，并在软禁中度过了余生。他的书也被禁了。

伽利略是经验主义者，他以对世界的观察和经验为基础提出新的观念。经验主义者坚持认为所有的知识都要从感官经验得来，并以此建立了部分现代哲学图景。约翰·洛克、大卫·休谟等哲学家就采用了这种经验主义路径，成为这个启蒙时代的代表人物。

另一方面，有一群现代哲学家将其思想建立在理性主义之上，其原则是知识来自头脑，有的真理只需通过理性就可获得。勒内·笛卡尔（见第79—80页）、巴鲁赫·斯宾诺莎及戈特弗里德·威廉·莱布尼茨等哲学家将自己的数学知识和理性运用到所有的学习上，并借由大陆理性主义将哲学思想推进到现代。

除了经验主义和理性主义这两支泾渭分明的哲学

体系，政治哲学也有大幅度发展，主要哲学家有托马斯·霍布斯（见第89—90页）、让-雅克·卢梭（见第94—95页）和伊曼努尔·康德（见第100—101页），他们各自提出了革命性的思想。

现代哲学家逐渐摆脱了神学的镣铐，也摆脱了曾经牢牢控制哲学领域的过时的古代哲学理论。随着现代的演进，教会对于社会的控制削弱了，思想变得更为自由。非正统的思想得到了更自由的讨论。用康德的话来说，为了获得启蒙，人们需要"敢于求知！"

理性主义

理性主义认为真理和知识是通过理性思考获得的，而非通过宗教信仰、情感反应或感官经验。我们可以凭借已知信息解释事物，并依靠逻辑得到结论，就像神学家论证上帝存在那样。或者，就像阿尔伯特·爱因斯坦（1879—1955）那样，用已经存在的科学知识加上理性和数学运算得出新理论。

爱因斯坦笃信，直觉对新发现十分重要。在科学家、哲学家和数学家进行逻辑思考和推演的同时，直觉可以使他们产生一种"预感"并由此展开研究。

有的理性主义者认为，我们拥有天生的知识观念，这是我们本性的一部分。这让人回想起柏拉图的理念论及其观点，即我们出生时都携带着一定的知识，学习的过程只是找到通向那里的道路。因此，我们拥有的知识大多属于先验知识，是基于我们已经知道的事物。

勒内·笛卡尔
1596—1650

勒内·笛卡尔提出过著名的"我思故我在",被认为是现代哲学之父,以及最早的理性主义哲学家。笛卡尔出生于1596年,在法国接受了传统的经院教育,后来学习法律。但他无意从事法律工作,而是选择加入了荷兰军队。他在军队服役多年,带着思考游历各地,与各种人共处,体验了人生的多种可能。然后他定居荷兰,开始撰写论文,将数学、科学和哲学的知识推向现代。

1637年,笛卡尔写下了《谈谈方法》,1641年,又发表了《第一哲学沉思集》,他在其中试图创造一种前所未有的哲学。他的哲学方法基于严密的推理。作为理性主义者,他提倡一种缓慢、稳定而坚固的知识考察法,目的是消除不确定性。对笛卡尔而言,一切都可以辩论。他的哲学与认识论追寻的是普遍答案,他只愿意相信消除一切疑问后得到的知识。事实证明这艰难无比,因为他知道一切知识都是通过感官传递给他自己的,而感官可能具有欺骗性。

他提出的问题诸如:人生可能只是一场梦吗?我们经历和所知的一切可能只是魔鬼创造的感知吗?通过条件严格的论证过程,他得出结论,即他所知的一切都是可以怀疑的，只有一点是确定的，那就是他在思考这件事本身。笛卡尔发现了最根本和最基本的真理："我思故我在。"我们只能确定一件事，就是我们的存在。我们可以质疑自己的身体或其他物质性的存在，但我们在思考就证明我们的精神存在。

这一观念使他将精神和肉体作为两种不同的存在来检视，这就是笛卡尔的二元论。像2000年前的柏拉图一样，他认为精神或灵魂是与肉体分离的。他断言，人可以将身体分割，但不能分割精神，所以虽然精神与身体关联，但一定是不同的。

人类可以运用笛卡尔的方法通过理性得到真理。"我思故我在"是史上最著名的哲学格言，也让哲学飞跃至现代。

经验主义

如果说理性主义只用理性论证得到知识，只需要运用思想和智力的话，那么经验主义正好相反。经验主义主张通过感官经验、实验和体验世界得到知识，即一种后验知识。经验主义者在传统上反对所有人都有天生知识的观点。相反，他们认为我们的思想是一张白纸，而经历构成了我们的知识。

经验主义思想可以追溯至亚里士多德通过观察来理解世界的方法。亚里士多德的部分观点是经验主义的，而柏拉图的天生知识论和形而上学则是理性主义的。拉斐尔的《雅典学院》（约1510年）是著名的文艺复兴时期壁画，现藏于梵蒂冈。在画中，我们可以看到柏拉图和亚里士多德处于中心位置，作为理性主义者的柏拉图手指苍穹，代表他的理念世界；而亚里士多德则指向地面，代表着他的经验主义思想深植于经验的土壤中。

约翰·洛克
1632—1704

人类像一张白纸一样诞生,在人生中通过感官经验获取知识,这一观点是英国哲学家约翰·洛克在其出版于1690年的哲学名作《人类理解论》中提出的。洛克认为,知识是由观念组成的,我们先有基于感官的观念,然后对其进行思考、怀疑、论证,并由此产生更多观念。观念有简单的也有复杂的:简单观念是单一的经验,如苹果是红的;而复杂观念是由几个简单观念合成的,如红色、甜味和结实的质地让我们拼凑出关于苹果的观念。复杂观念可以通过思考在头脑中形成,因此我们可以通过思考苹果的外观、触感、口味、生长环境等来获得相关的知识。

洛克认为,我们对一切事物的理解都是有限的,是我们的经验和在头脑中思考从而形成观念的结果。这对理性主义者的天生知识理论(无须经验也可以获得关于事物的知识)发出了挑战。例如,洛克提出没有经验证据可以支持柏拉图的说法,即我们生来就有内在的普遍知识,只需找到通往那里的方法。对洛克而言,没有任何证据表明婴儿出生时就有知识,天生知识超越人类本身存在更是可笑,因为所有知识只能存在于人的头脑中。

约翰·洛克还因其政治哲学而闻名。他对17世纪自由主义的建立影响重大,我们在后面会谈到这一点(见第91页)。

话说回来,作为第一批英国经验主义哲学家,洛克及其认识论理论影响重大,比如影响了乔治·贝克莱和大卫·休谟,这两位哲学家都对思想以外有存在之物的观点极为怀疑。

大卫·休谟
1711—1776

大卫·休谟是启蒙运动时期的英国哲学家。他是经验主义者，以及基于无神论和怀疑主义的不可知论者。他采用了约翰·洛克的经验主义路径，试图用科学研究人类本性。作为最伟大的现代哲学家之一，休谟影响了伊曼努尔·康德和阿图尔·叔本华，受到伏尔泰的赏识，还是让-雅克·卢梭的朋友（虽然他们后来彻底闹翻了）。

在他于1739年出版的伟大作品《人性论》当中，休谟创造了一种"人性科学"，用以寻找人性的普世法则。他想弄明白人类为什么相信自己的所作所为。作为热切的经验主义者，他坚称所有的知识和观念都来自经过头脑理解的感官经验，无法证明在思想之外有任何事物存在。对休谟而言，人头脑中的认识分为两种：一种是印象（如感觉、情感和情绪），另一种是观念（对印象的思考、想象和论证）。他还区分了人类的两种知识：一种是事实（基于经验或观察的观念），另一种是价值（对观念之间关系的思考）。休谟推论出，上帝这一观念是非感官的，因为这不是基于感官数据得出的，人无法通过经验或论证证明上帝存在，这只是一部分人的观念。因此，试图向他人证明上帝存在是徒劳的。在18世纪，这是非常具有争议性的，当时即使是科学家也认为上帝是万物的神圣工程师，是全知全能的存在。

休谟还称，我们对世间的事物得出的结论，很大一部分来自习俗和习惯。他的意思是，我们的知识当中很多都是基于先前的例子或经验，比如"明天太阳会升起"——没有任何坚实的证据证明明天太阳会升起，除非已经在明天亲自看到（这是不可能的，因为这发生在未来）。因此，我们假设明天太阳会升起，无法用理性证明，但就是相信会如此。在休谟看来，我们对世界的知识和信念很多都不基于理性思考，而是基于感觉，这种感觉来过去发生的事和常识。太阳明天大概率是会升起的，因为过去总是如此。这没什么问题，因为这样的信念对我们而言行之有效，我们不需要像笛卡尔那样用理性排除所有的疑问来证实这一点——休谟认为这是浪费时间。因此，休谟是怀疑主义者，但他十分提倡常识：我们的信念大部分无法百分之百被证明，但它们行之有效，这就够了。

第七章

——

政治哲学

政治哲学关注的是国家和政府的问题，深入探究政治、自由、公正和法律等概念。政治哲学关注社会中的个人，以及个人的各方面权利：生命、自由、财产、追求幸福、言论自由。作为伦理学的一部分，政治哲学家关心的是社会应该如何建立，以及我们应期待个人如何在社会中行事，以实现最多人的利益。政治哲学是一个充满各种"主义"的世界：自由主义、资本主义、社会主义、马克思主义、自由意志主义、保守主义、无政府主义、民族主义、法西斯主义、极权主义、女性主义、平等主义……

西方政治哲学的一个重要转折点出现在理性时代，即17世纪末到18世纪。托马斯·霍布斯推动了现代政治哲学的蓬勃发展，他提出了残酷的关于人的自然状态的理论；约翰·洛克的自由主义思想则因为被美国《独立宣言》继承而不朽；《独立宣言》又通过伏尔泰和让-雅克·卢梭等法国启蒙哲学家影响了法国大革命。

托马斯·霍布斯
1588—1679

托马斯·霍布斯是英国哲学家,现代政治哲学的奠基人。他在牛津学习,但不喜欢学校的经院主义方法论。他受到伽利略和弗朗西斯·培根的科学思想影响,追求一种更为经验主义的方法。他的巨作《利维坦》(出版于1651年)写于英国内战期间,彼时英国圆颅党(议会派)和骑士党(保皇派)为争夺统治权而战。霍布斯是保皇派,认为君主是最好的统治者。这使他在议会派那里不受欢迎,议会派将查理一世关进监狱并获得权力后,霍布斯逃往巴黎,短暂地担任过威尔士亲王的导师,后者就是后来的国王查理二世。

在《利维坦》中,霍布斯提出了自己关于人与社会关系的理论,这后来被称为"社会契约论"。霍布斯持一种非常机械主义的人类论,他认为人类是机器,通过持续获得外界的力量而被驱动。他还认为人类处于持续的吸引和排斥状态中,人会出于自我保护吸引好的事物,而排斥坏的事物。人的内在是自私而贪婪的,会不择手段来保护自我、尽可能获得物质财富、争夺权力。

在霍布斯看来,这一根本法则会导致战争和毁灭，如果不加以监管，个人就会陷入"自然状态"，进入"所有人对所有人的战争"。在他的学说中，个人为了避免激烈的冲突和可能的死亡，可以让渡绝对自由这一自然权利，来交换君主统治者的保护。国家将拥有绝对的权力，也就成了所谓的巨兽利维坦。

约翰·洛克（见第82—83页）发展了霍布斯的社会契约论，在其《政府论》（下篇，1689年）中提出任何统治者的权力都是有条件的：如果统治者没有达到被统治者的期待，则人民有权利任命另一位统治者。他反对霍布斯关于绝对统治者的观念，认为真正的政权在人民手中。他提倡君主立宪制，君主拥有执行权，而定期选举的议会拥有立法权。洛克的诸多观念构成了自由主义的基础，如个人权利、自然状态下人人平等、统治者需要代表人民且经人民认可。

自由主义

自由主义起源于文艺复兴时期（14世纪至17世纪），当时的思想家开始质疑教会的权威性。"自由"一词来自拉丁语中的liber，意思是"不为奴隶"。在启蒙运动时期，自由主义成为一场为人所知的运动，极大地影响了美国独立战争（1775—1783）和法国大革命（1789—1794）。在英国，自由主义运动开始于1689年，标志是洛克《政府论》的出版，这本书概述了他的"自然权利"理论，即每个个体都有生命、自由和拥有财产的权利。

自由主义的观点是，政府应该保护个人的权利，且政府应受到限制，经由民主选举产生，代表社会所有个体。政府只有在实现个体的最大自由并保护个体权利不受侵害时才具有正当性——这一理念源自霍布斯的"社会契约论"，并由洛克发展。自由主义的核心是个人自由、思想自由、言论自由和财产自由。宗教宽容、公民权利、女性权利和种族平等同样是自由主义思想的重点。

伏尔泰
1694—1778

伏尔泰的本名是弗朗索瓦-马利·阿鲁埃，1694年出生于巴黎。他是哲学家、诗人、剧作家、小说家和散文家，其直言不讳的文风和对法国政府的批评使他被囚禁于巴士底狱长达11个月，并且于1726年被驱逐至英国。在英国期间，伏尔泰读到了约翰·洛克的公民自由学说，并且受到了艾萨克·牛顿的影响，例如其经验主义科学方法和基于理性原则对自然的解释。伏尔泰接受了这些观念，接着便开始挑战教会及其非理性的、迷信的教义，这种教义在他自己的国家被用来维护统治权力。在发表于1734年的《哲学书简》里，他赞扬了洛克的自由主义思想并谴责了法国社会，指责其建立在绝对的君主制、贵族制和宗教不宽容上。他的观点很大程度上影响了革命党，后者在伏尔泰去世11年后成功推翻了法国君主制。

作为真正的启蒙主义哲学家，伏尔泰总是在质疑世界和人们在世上生活的方式，甚至宣称确定性是荒唐的。伏尔泰承认怀疑不是一种舒适的状态，但对他而言，这是更符合逻辑的面对事物的态度，毕竟绝大多数的理论和事实到了一定时间点都会被再造，并且随时都会受到挑战：事实和真理永远是未完成的作品。伏尔泰明白,盲目相信权威的声明要比对其提出挑战或独立思考容易,但也认为后者是必不可少的。

伏尔泰相信自由、宗教宽容,坚信应该挑战不公正的情况,并对法国殖民主义提出批评。他书写的中世纪史不仅关注了欧洲的经院哲学,还探索了阿拉伯思想的影响,以及中国和日本的观念。他为表达自由和言论自由而战,有一句话虽然不是伏尔泰本人说的,却是言论自由这一自由主义观念的核心,也是伏尔泰主义的原则:我不同意你说的话,但我誓死捍卫你说话的权利。

让-雅克·卢梭
1712—1778

让-雅克·卢梭1712年出生在日内瓦,他早年的生活喜忧参半。他的母亲在生产后不久就去世了,因此他的童年很不安定,接受的正规教育十分有限。他有相当一段时间都像流浪汉一样四处游荡,不过他经常接收到一些条件还不如他的人的好意,因此他总是对弱者怀有敬意。20多岁时,他时来运转,当时与一位贵族女士同住,她拥有一间巨大的藏书室,卢梭就在这段时间里投身于哲学、数学和音乐的学习。1742年,他搬到巴黎,结识了伏尔泰,他十分钦羡伏尔泰的学识,虽然他们的思考路径并不相同。

卢梭被视作浪漫主义运动之父,他的思想基于感觉或感性,而非理性。他认为没有必要像中世纪的哲学家那样用理性证明上帝的存在,因为在他看来上帝会对每个个体显灵。上帝的存在可以用心感受到,可以在灵魂的善良中体现,在对大自然的敬畏和惊奇中发现。

卢梭最具影响力的作品是《社会契约论》(1762年),他在其中提出了自己的政治哲学思想。他探索了人的本性,并得出与霍布斯相反的结论,霍布斯认为人的"自然状态"根本上是恶毒的,而卢梭论证说人类的本性是和平善良的,带着天生的同情心和怜悯。

正是在文明的进程中,人类才变坏的。这种社会文明是随着财产私有制而出现的,而财产私有制创造了不平等和冲突,人类自然的自由也就消失了:

> 人是生而自由的,却无往不在枷锁之中。自以为是其他一切的主人的人,反而比其他一切更是奴隶。

人们在现代社会中订立的社会契约加剧了不平等,因此卢梭提出了一种不同于霍布斯的契约。在卢梭的城邦中,人们享有主权,并且根据集体的"公意"来制定法律。人们会放弃个人自由,以换取为所有人利益考虑、旨在消灭不平等的集体自由或公民自由。卢梭的理论被法国革命派采纳,他们将"人是生而自由的,却无往不在枷锁之中"这句话作为鼓舞士气的口号。一些批评家认为卢梭的观念令人不安,因为其将集体自由置于个人自由之上。然而,卢梭的启蒙政治思想确实提供了一种切实可行的激进方式,来改变由少数权贵控制的社会的不公现状。卢梭对资本主义社会的批评影响了约100年后的卡尔·马克思的革命性思想,马克思鼓励无产阶级(工人们)起义来争取平等和自由,并在《共产党宣言》中呼应了卢梭,说这是因为他们"失去的只有锁链"。

约翰·斯图亚特·穆勒
1806—1873

1806年,约翰·斯图亚特·穆勒生于伦敦,父亲詹姆斯·穆勒是哲学家和历史学家,对儿子期望很高。詹姆斯接受了功利主义哲学家杰里米·边沁的思想,对儿子实行严格的教育,让他做好继承功利主义事业的准备。功利主义是伦理学的一种理论,认为只要能使幸福最大化,任何举动都是正确的,其准则是"为最多的人谋求最大的幸福"。

由于童年承受了巨大的压力和过多要求,穆勒在20岁时遭遇了精神崩溃,此后从浪漫主义诗人的作品和奥古斯特·孔德的实证主义哲学中获取慰藉。实证主义认为,科学知识是唯一真实的知识,这影响了穆勒的《逻辑体系》(1843年),他在其中试图将科学方法应用到社会研究、自然研究和现象研究上。在他广受欢迎的作品《政治经济学原理》(1848年)中,穆勒提倡自由市场经济,即物价由供需关系决定,政府几乎不干涉。不过,穆勒也赞同组成工人合作社,给工人一定的商业股份,而不会让所有的权力和利润都流向资本家老板。

穆勒最著名且最具影响力的作品是出版于1859年的《论自由》。他在其中探讨了社会中的个人的自由问题。他的"伤害原则"指出，社会唯一可以使用强行制裁手段的情况是自我保护，或保护他人不受伤害。除此之外，人们应该有自由做任何喜欢做的事，只要不妨碍他人的自由或伤害他人。穆勒激烈地维护言论自由，将其视为社会与智识发展进步的必要条件。

穆勒的自由主义观念影响了社会主义、自由观念主义和女性主义。他1869年的论文《妇女的屈从地位》是从他的妻子哈莉耶特·泰勒·穆勒那里获得的灵感和观点，穆勒在其中提出女性解放、婚姻法改革，呼吁两性享有同等的机会与教育，这些不仅会使个人受益，也会造福全社会——颇为功利主义的说法。穆勒是活力十足的政治与社会改革家，他支持工人权益，参与废除奴隶制的运动。当他成为威斯敏斯特议会的自由党议员时，是第一个呼吁全民普选的人。他努力尽可能地推动英国社会的进步，是英国最伟大的现代哲学家之一。

唯心主义

唯心主义认为现实和存在都只存在于思想中。对唯心主义者而言，是理念或思想创造了现实，因此形而上学的学说就是从这一点开始的。勒内·笛卡尔是第一个基于唯心主义立场建立理论的哲学家，他认为现实最根本的特性存在于我们的意识中，外部世界由对象构成的现实值得怀疑，因其只是思想的感知。因此，唯心主义是与唯物主义相反的。唯物主义认为物质是最根本的实在，一切事物，甚至感知和思想，都来自物质的作用。

哲学家将唯心主义大致分为两个阵营：主观唯心主义和客观唯心主义。主观唯心主义认为我们当下的体验和知觉有一定重要性，但根本上认为现实是思想的感知。18世纪的爱尔兰哲学家乔治·贝克莱将这种思想命名为"非物质论"，提出物质世界并不存在，用拉丁语"esse est percepi"总结自己的观点，意思是"存在就是被感知"。

客观唯心主义比主观唯心主义更进一步：主观唯心主义认为现实存在于个体的思想中，

而客观唯心主义认为存在一种客观的意识，超越并独立于人类的思想活动。

伊曼努尔·康德通过多年对存在的实在性的思考，最终提出了自己的唯心主义——超验唯心主义。

伊曼努尔·康德
1724—1804

伊曼努尔·康德被认为是现代西方思想史上最重要的哲学家之一，他为19世纪的德国唯心主义撒下了种子。他的著作涵盖了认识论、形而上学和伦理学，而他最具开创性的作品是关于思想哲学的。《纯粹理性批判》（1781年）花了十年时间才写成。在其中，康德通过仔细的批判性论证，试图调和两个认识论阵营，即理性主义（见第78页）和经验主义（见第81页）之间的矛盾。

他区分了分析命题和综合命题。分析命题是指那些因其语义正确而为真的命题，例如"女人都是雌性的"。这是正确无误的，我们不需要证明女人是雌性的，因为我们知道女人的定义就是雌性的人类。综合命题则引入了新的内容，需要通过实验或观察来确定，例如"女人都是温柔的"。温柔并不能定义全部女人，但或许可以定义部分女人，需要对此命题进行调研才能确定其真实性。

除了区分这两种命题，康德还思考了人如何获得真理，是通过先验知识（无须经验仅凭理性推论得到的知识，比如分析命题），还是后验知识（来自经验的知识）（见第28页）。他提出，我们对于世界的知识可能是两种知识合成的：思维体验到物质对象，并通过理性推论来理解它们。

康德称，我们和所见的世界中间隔着一层滤镜，这层滤镜就是我们的思想。是我们的思想制造了经验、加工了感官信息、创造了处于时间和空间中的客观对象，而这是我们对世界的直觉经验和理解方式。是人类的思想创造了世界，而不是世界印刻在人类的思想中。我们所感知的世界是现象的世界。康德提出，我们是不可能了解超越客观对象外表的"物自体"究竟本质为何的。他认为，宇宙万物都存在于一个更深的维度中，并将其称为本体世界，但我们的感官和智力不足以了解那里。这时就出现了"超验"的概念，想要客观地了解对象，我们需要超越自己有限的理解与感知。

他在1785年的著作《道德形而上学的奠基》中阐释了自己的"绝对律令"理论，提出我们应该始终按照我们想要其成为普遍法则的准则去行动。简言之，人要对自己的行为负责，无论你做什么，都要预期他人也会这样做——有一点像我们在第43页谈论过的黄金法则。

玛丽·沃斯通克拉夫特
1759—1797

终于又有一位女性了！女性哲学家！除了我们在古代哲学一章讲到犬儒主义时提到的最早的女哲学家玛罗涅亚的希帕基亚（她嫁给了犬儒主义者底比斯的克拉特斯），西方哲学史基本都由男性占据着。

玛丽·沃斯通克拉夫特出生于1759年，是作家和哲学家，被认为是最早的女性主义哲学家之一，启发了19世纪末的女性主义运动。她的生活颇为刺激和离经叛道，尤其对18世纪的女性来说。她在纽温顿·格林开设了一所学校，参与到法国大革命的浪潮中（她对革命进行历史记录，公开推崇共和主义，谴责君主制和世袭特权），与一位美国冒险家恋爱并产下非婚生的女儿。后来，她嫁给了无政府主义哲学家威廉·葛德文并生下第二个女儿玛丽·沃斯通克拉夫特·葛德文。不幸的是，玛丽在产下二女儿之后11天便去世了，当时只有38岁。她的一生虽短却不平凡。玛丽的二女儿后来嫁给了浪漫主义诗人珀西·比希·雪莱，成了玛丽·雪莱，也就是《弗兰肯斯坦》的作者。

玛丽·沃斯通克拉夫特最著名的作品是出版于1792年的《为女性权利辩护》（*A Vindication of the*

Rights of Women)。她在其中指出,女性对国家至关重要,因其是孩子的教育者。她呼吁女性获得与男性平等的权利,包括受教育的权利。她激烈地反驳了让-雅克·卢梭在《爱弥儿》中的观点,即女性即使受教育,目的也应该是取悦男性。玛丽·沃斯通克拉夫特称,男性剥夺女性受教育的权利,使女性成为男性的"玩具"。她反对将女性视为爱慕对象或婚姻财产的观点,认为如果女孩受到教育并培养思想意识,她们将成为丈夫的"伴侣"而不仅是妻子。她鼓励女性理性思考,不要成为情绪的奴隶。当理性和情感相辅相成、彼此补充时,女人便拥有极大的价值,可以协助"改善文明"。玛丽·沃斯通克拉夫特为女性主义哲学家铺平了道路。她激进、独立的人生路径和学习方式,再加上文学上的成就,使她成为一名真正的开拓者,至今仍是女性心中的女性主义典范。

卡尔·马克思
1818—1883

卡尔·马克思是德国哲学家、政治学家和经济学家,他的哲学受到伊曼努尔·康德和格奥尔格·黑格尔的影响,也受到让-雅克·卢梭等法国社会学家的影响。他曾在巴黎居住,并在那里结识了一生的朋友和思想伙伴弗里德里希·恩格斯。马克思了解到19世纪英国工人阶级的困境,成了共产主义者。他因为政治立场从一个国家被驱逐到另一个国家,被迫在欧洲游历了多年后,于1849年搬到了伦敦,并在那里度过了余生。他一生都在与疾病和贫穷抗争,他的七个孩子中只有三个活了下来。即便如此,他仍然成了全世界最具影响力的哲学家和政治学家。

马克思在《德意志意识形态》[1](写于约1845年,但直至1932年才出版)中提出自己的历史理论,即"历史唯物主义"。他在其中建立了基于"辩证唯物主义"的历史观,这一概念受到了黑格尔辩证法(万物都处于不断变化的状态,相反的因素会彼此作用和

---

1 《德意志意识形态》是马克思、恩格斯合写的哲学著作。马克思、恩格斯在《费尔巴哈》这一章中第一次对唯物史观作了系统阐述,论述了物质生产在人类历史发展中的决定作用,阐明了生产力和生产关系的矛盾运动,并据此揭示了人类历史发展的一般规律。——编者注

影响)的影响。在黑格尔辩证法看来,一个观念(正题)会与其反题相互作用,而作用的结果是得出一个新的结论或观念,即合题,这一过程会使观点不断变化发展。黑格尔将这一原理应用至精神世界,指向观念和灵魂的提升;而马克思将黑格尔的辩证法应用至物质世界,指向生产和经济。他分析了社会组织与物质世界的关系,并研究人们如何通过生产创造来谋生。他发现,阶级斗争或阶级对立——奴隶与奴隶主的对立、工人与资本家的对立——使生产方式(生产资料、生产方式、生产者,工人与土地、工厂所有者之间的关系等)发生变化,进而使社会和历史发生变化。

1848年,马克思、恩格斯出版了《共产党宣言》,他们在其中定义了共产主义,以辩证唯物主义和阶级斗争作为思想的基础。

1849年定居伦敦后,马克思继续自己的事业,他整日在大英博物馆的阅览室里写作,并完成了自己最著名的作品《资本论》(1867年)。《资本论》对资本主义的发展进行了政治和经济分析,对问题的探讨比《共产党宣言》更加深入。马克思专注研究了经济学问题,并细致地指出:资本主义剥削大多数人来满足少数人的利益;资本主义的本质是不稳定的,因其无法不断产出利润;资本主义必定衰落,因为大众会认识到自己被异化和被剥削的事实,并会因此开启一场革命，将社会重新团结为一个整体，其基础是更公平、更平等的经济制度——共产主义。

马克思1883年于伦敦去世，就在他挚爱的妻子去世15个月后。他被葬在海格特公墓的家族墓地里，墓碑上刻着他的话："哲学家们只是用不同的方式解释世界，而问题在于改变世界。"还有一句话，来自《共产党宣言》："全世界无产者，联合起来。"马克思相信自己的哲学可以积极地改变世界，而这一点也没错！

马克思主义

马克思主义是基于卡尔·马克思和弗里德里希·恩格斯的观点产生的哲学、政治学、社会学思想，其构成了共产主义的基础。马克思主义的起点是马克思的辩证唯物主义，这一主义认为历史变革主要是由利益相反的阶级之间的冲突导致的。历史上，人类曾经围绕着生产生活所需的物质而协作共存。然而，当剩余价值出现后，利润也随之出现，当财产私有制介入后，不平等和不和谐就出现了。劳动出现了分工，个人对其生产环境失去了掌控。

马克思认为人类在工作中获得人格，然而19世纪的工业化和资本主义社会在剥削和异化人。无产阶级，即工人，对于自己的工作不再有掌控权，他们被异化，越来越远离生产资料（工厂、机械和原料，以及劳动力的组织形式），这些都掌握在资产阶级手中。马克思预测，工人将无法忍受他们被迫处于的劳累和剥削的工作环境，并将起义夺回生产资料，将所有权从资产阶级转移到无产阶级手中。这种对生产的集体共有制会重新将人们与其人格连接起来,因为无产阶级将重获对自己劳动的控制权。这一新的社会将没有阶级之分,而是基于合作与平等。[1]

---

[1] 以上内容为本书作者对马克思主义的个人理解,其观点仅供读者参考。——编者注

弗里德里希·尼采
1844—1900

弗里德里希·尼采的很多哲学著作都探讨了道德、宗教与伦理的问题，这些作品富有争议性，解读空间很大，不过他的思想正是旨在打破西方哲学中许多深入人心的观点。尼采在其1889年的作品《偶像的黄昏》当中展现了自己激进而无畏的哲学。他在其中用锤子来隐喻哲学，呼吁对社会价值进行重新评估，这一观念后来被后现代理论家采用。他的作品中有很多主题都是存在主义的前奏。

尼采出生于德国的莱比锡城附近，一生受到身体和精神疾病的折磨——即使在他小的时候，也常常生病。1849年，在他只有五岁时，他的父亲（一位路德教会的牧师）过世了，第二年，他的弟弟也去世了。早年家庭的不幸遭遇使尼采怀疑上帝是否真的存在，如果有，上帝怎么能存在于如此苦难的世界上？尽管有这样悲惨的童年，他后来却将苦难视为成功的驱动力，称"杀不死我的使我更强大"。尼采提倡"肯定生命，哪怕是在生命最异样最艰难的时刻"（《偶像的黄昏》）。尼采受到了阴郁的悲观主义哲学家**阿图尔·叔本华**（1788—1860）的影响，叔本华认为世界是残酷的，其中充满了苦难。叔本华称唯一使我们从苦难中解脱的是艺术，而音乐是最高级的艺术形式。尼采非常喜爱音乐，且是理查德·瓦格纳的朋友，对此深以为然。

尼采发展出自己的哲学，以此挑战大众接受的基督教和功利主义的道德观。他宣称上帝已死，并问道"我们怎么才能安慰自己？"没有了确信无疑的上帝可以信仰，尼采担心欧洲会陷入虚无主义，即认为生命中一切都不重要，于是他着手改变这一困境。在《查拉图斯特拉如是说》（于1883—1891年间分四卷出版）和《善恶的彼岸》（1886年）中，尼采提出人类最基本的驱动力是"权力意志"，而基督教和自由民主社会"否定生命"的"奴隶道德"偏爱弱者和被压迫者，这使弱者得以统治强者。他呼吁一种"肯定生命"的道德，即承认只有"此在"（此时此地存在）的世界，重视当下的生活，而非像基督教教导人们的那样，在受苦的同时寄希望于去往一个更完美的来世，或"天堂"。尼采的肯定生命哲学捍卫了人对权力、财富、力量和健康的直觉向往。这体现为他的"超人"观念，"超人"确立自己的道德观、价值观和真理，而不是接受别人的教导。

在生命的最后，尼采经历了毁灭性的精神崩溃，这之后他的作品都由他的妹妹伊丽莎白重新编辑出版，而她则用尼采的思想来鼓吹纳粹意识形态。一般认为她有意曲解了尼采的作品，因为尼采一向谴责反犹主义，并憎恨民族主义，他认为那是一种异化，而他的哲学是个人主义的。谢天谢地，尽管有这样的情况，尼采依然作为最有影响力的哲学家被载入史册，他的思想启发了整个20世纪的作家和艺术家。

第八章

20世纪和后现代哲学

启蒙运动和现代思想带来了革命性的科学思维，并关注社会如何进步、如何组织，强调自由、民主和理性。进入20世纪，变革的脚步进一步加快了，20世纪下半叶被称为后现代时期。现代时期的许多激进政治哲学思想体现在俄国的革命和席卷欧洲的民族主义中，后者导致了两次世界大战的爆发，世界遭到严重破坏，人们意识到极端意识形态的恐怖和残忍。后现代思想家审视了这一现实，将关注焦点重新带回自由、民主和理性这些启蒙运动的目标上。

哲学在20世纪分成两个截然不同的阵营：一个是最初占主导地位的英美哲学，另一个则是后来出现的瓦解现有建构的欧陆哲学（主要是法国哲学）。

英美分析哲学的特征是想要使哲学科学化，其目标在于用数学逻辑和语言学研究来解决哲学问题。分析哲学诞生于负有盛名的剑桥大学和牛津大学的讲座厅和走廊之中，其先驱哲学家包括伯特兰·罗素、阿弗烈·诺斯·怀特海、乔治·爱德华·摩尔和路德维希·维特根斯坦。他们受到了维也纳学派的影响，后者是20世纪20年代至20世纪30年代间欧洲的一群哲学家和科学家，他们奉行逻辑实证主义或逻辑经验主义。

这些思想家感兴趣的是那些可以用逻辑推演然后用经验证实的哲学问题，认为只有经验可以证实或证伪任何说法。他们不太有兴趣去深思美学、伦理学、形而上学和神学，因为这些哲学领域提出的问题都无法用经验证实或证伪，提出这些问题本身都显得毫无意义。而他们关注的，是语言哲学（见第125—126页）。他们试图用数学和逻辑的方式来分析语言，以此来更深入地理解我们的思想和这个世界。

与分析哲学相对的是欧陆哲学流派，包括德国唯心主义、黑格尔主义、浪漫主义、存在主义、现象学、荒诞主义、解构主义和后结构主义，这些流派的哲学家们试图以自己的哲学和影响来挑战和颠覆主流建构的思考与行事方式。上述哲学流派都被归于欧陆哲学，在20世纪的欧洲蓬勃发展，并在20世纪五六十年代达到了顶峰。这些后现代欧陆哲学家受到了马克思主义的影响，其目标在于将主观能动性还给个人并解放社会。他们拒绝认为自然科学是理解现象的最佳方式，并在研究中汲取历史学、心理学和社会学领域的成果。

西格蒙德·弗洛伊德（1856—1939）的思想和他对心理分析的发展是一种缓解人类痛苦的尝试，其对欧陆哲学家有着重大影响。他坚称人类的行为不只由清醒的意识驱动，无意识的力量也在发挥作用，这帮助哲学家们以新的方式在伦理学、政治哲学和形而上学等哲学领域理解人类的行为。

通过心理分析和对梦的解析，以及努力让人们意识到无意识，弗洛伊德发现自己可以让病人更好地理解他们精神压力的来源,并由此获得一定缓解,哲学家们采用了这些观念。弗洛伊德还认为人不总是按理性行事,也会被我们不了解的无意识驱动,哲学家们也将这一点应用到了他们的政治和社会分析中。

分析哲学受维也纳学派的影响,而欧陆哲学受法兰克福学派的影响。法兰克福学派是一群批评后现代社会的哲学家,他们采用马克思主义的视角,运用弗洛伊德对压抑、人格与无意识的发现,来理解个体是如何运作以及社会是如何运转的。法兰克福哲学家**马克斯·霍克海默**和**西奥多·阿多诺**专门研究了普通人是如何在第二次世界大战期间转向法西斯主义这样的极端意识形态的。

这些哲学家提出,启蒙运动的思想家们所实践的理性并未带来更大的自由。相反,社会被操控,人们进入了"群体思维"中。对普遍真理的理性寻找和笃信一度成为哲学思考和实践的主流形式,而后现代哲学家们认为,其效果只是让人们用和彼此一样的方式思考。进步最终导致了死亡、毁灭和道德沦丧,正如第二次世界大战这个令人痛心的例证。

在20世纪的后半段,如米歇尔·福柯和雅克·德里达这样的欧陆哲学家对分析哲学家们所称的客观事实是否存在提出了疑问,他们同时对主流意识形态高度怀疑。他们称所有的事实都是主观的,并提出所有的知识和价值系统都是由历史和文化建构的。真理、道德、人性，还有我们所知的一切，都是头脑中的建构，受到了社会与历史的影响。

这些后现代哲学家分析了文化和社会，批判性地评价了西方价值体系，并检视了西方社会普遍存在的元叙事。"元叙事"是指那些社会接受为真的宏大、普遍的概念或故事。后现代世俗社会的宏大叙事便是科学、理性和逻辑能回答一切问题。

在《后现代状态：关于知识的报告》（1979年）中，批评理论家和哲学家**让-弗朗索瓦·利奥塔**（1924—1998）对"后现代"的定义是"不相信元叙事"，是对自启蒙运动以来占据主流思想的历史解释和"真理"的挑战。他建议抛弃这些元叙事，将其替换成地方化的"小叙事"，从而让不同的人类经验和观念存在。例如去观察边缘群体的日常生活，而不是关注社会整体或所谓的"大局"。

后现代哲学家是持修正主义观念的怀疑主义者，他们常常反对传统的方法或手段。他们质疑长久以来被接受的真理，想要检视我们如何获得信息，是谁规定我们的生活方式和行事方式。这一思想在20世纪60年代和20世纪70年代的西方反正统、反文化运动及相关群体中得到了表达，包括美国革命性的民权运动、嬉皮士运动、巴黎的反战运动、女性主义运动、反核运动和环保主义运动。

现象学

"现象学"来自希腊语的 phainomenon 一词,意思是外表。现象学检视现象而非现实,更具体地说,是检视主观的生活经验。现象学观念主要来自埃德蒙德·胡塞尔(1859—1938),他在20世纪初发展了自己的意识理论。和笛卡尔一样,胡塞尔的理论前提是我们唯一能确定的只有自己的意识。他提出,现实由对象和经验组成,或者说是个体意识感知并诠释出的现象。对胡塞尔而言,意识首先是要有意识地体验现象,无论是物理对象、思想、情感还是想象要素。其次,意识是意向性的,是指向这些具体事物的。胡塞尔认为,为了更深入地理解现象,我们需要暂停对这些现象的判断、偏见或已有认知,这个过程叫"悬置"。

马丁·海德格尔(1889—1976)曾担任过胡塞尔的助手,但他不同意胡塞尔的观点,提出意识永远无法与语境分离,我们不只是有意识地经历生活,还会无意识地经历一些事物。海德格尔的观点影响了心理分析和存在主义。

存在主义

存在主义是一场哲学与文化运动,在20世纪中叶发展壮大,但其思想根源来自19世纪的丹麦哲学家**索伦·克尔凯郭尔**(1813—1855)以及弗里德里希·尼采。尼采意识到"上帝已死",道德观念本质为人为建构,便由此认为个人需要完全信任自己,以自己的价值观和信念去生活。在《恐惧与战栗》(1843年)中,克尔凯郭尔承认完全的个人自由意志,但也认为如此可怕的概念会带来"焦虑"。

存在主义包含了自由意志、自主选择和个人责任等观念。当人想到没有上帝这样的超验力量可以赋予存在意义时,似乎会觉得人生毫无意义,人类只是虚无的存在。因此,存在主义的答案是接受这种虚无,自己来创造意义:人是完全自由的,可以随心所欲创造自己的生活。存在主义的主题包括无聊、生活的荒诞、疏离感、自由、虚无、厄运和悲观,这些在法国存在主义哲学家的文学和哲学作品中都得到了探讨。主要的哲学家包括让-保罗·萨特(见第120—121页)、西蒙娜·德·波伏娃(见第122—123页)和阿尔贝·加缪(见第124页)。

让-保罗·萨特
1905—1980

法国哲学家、作家和政治活动家让-保罗·萨特出生于巴黎,父亲在他15个月大时就过世了,他由母亲抚养长大。萨特在名声显赫的巴黎高等师范学校学习哲学,并在那里遇到了西蒙娜·德·波伏娃,她同样是重要的法国哲学家,当时在同样出名的索邦大学读书。两个人在爱情和学术上都是彼此一生的伙伴。萨特在很长时间内积极地参与到反越战的运动中。1968年学生们在巴黎的拉丁区(左岸)起义,萨特因参与抗议而被捕。

萨特是存在主义运动的先驱。他创作了定义存在主义的学术文章,也对现象学有所贡献。他最为人知的是小说和戏剧作品,这些作品将存在主义的思想通过真实的生活场景介绍给更广泛的观众。萨特的哲学借鉴了胡塞尔和海德格尔的现象学,在《自我的超越性》(1936年)和《存在与虚无》(1943年)中有所体现。

萨特哲学的核心概念是自由意志及其带来的责任,即"人命定是自由的,他把整个世界的重量担在肩上,作为一种存在方式,他要对世界和自己负责任"(《存在与虚无》)。他认为任何决定论(认为事件和决定都由此前的原因决定的哲学思想）的观念都是一种自欺或"不诚实"，他相信人不受任何外在价值体系的限制。对萨特来说，"存在先于本质"，人的生活没有预先存在的本质，人只是简单地存在，因此我们的选择和行为决定了我们的本质，决定了我们是谁。于是痛苦出现了：如果我们是完全自由的，并且完全掌控自己是谁，如果我们的每一个决定都定义我们是谁，那么我们就需要做有意义的、真诚的决定，这可让人颇有压力！进一步说，我们的选择结果如何是没有任何保证的，因此我们要接受自己的选择可能不按想象的那样发展，并试着习惯绝望、焦虑的情绪，这些情绪会随着我们意识到世界的不公、荒诞、不确定而产生。

西蒙娜·德·波伏娃
1908—1986

西蒙娜·德·波伏娃是法国作家、政治活动家、存在主义者、女性主义哲学家,她是女性主义运动中最重要的人物,对存在主义也有巨大的贡献。波伏娃在索邦大学读哲学,成为在那里获得学位的第九位女性。她是同为哲学家的让-保罗·萨特一生的伙伴,他们彼此影响着对方的著作。

如同萨特和阿尔贝·加缪,波伏娃也在自己的小说、散文和非虚构作品里表达自己的哲学观念。她的主要作品《第二性》(1949年)是对存在主义女性主义的探索。她从存在主义的前提(存在先于本质)出发,但进行了女性主义的调整:"女人不是天生的,而是被塑造的。"她区分了生理性别与社会性别,提出女性的社会性别是一种社会与历史建构,是参照男性而定义的。她从历史的角度出发,提出男人一直以来都将女性塑造为不同于自己的"他者"。

她主张女性应当甩开刻板印象和强加在她们身上的束缚,拒绝"永恒女性"(女性拥有不同于男性的、理想化的、不变的内在本质这一哲学理念)这一迷思,拒绝接受何为女性的标准,并且像真正的存在主义者那样,维护她们的自由意志、个体选择,以及完全按自己的意愿发展的权利。

西蒙娜·德·波伏娃的哲学思想、女性主义写作和政治活动激发了女性主义运动的第二、第三、第四次浪潮,至今仍影响着当代文化。她的存在主义格言是"现在就改变你的人生。不要把将来作为赌注,现在就行动,不要拖延",这句话鼓励我们所有人大胆地沿着我们本身的道路走下去。

阿尔贝·加缪
1913—1960

　　阿尔贝·加缪是法国作家、政治活动家和社会活动家,虽然他从未将自己定义为哲学家,但事实证明他对存在主义、荒诞主义和无政府主义等哲学流派影响巨大。加缪出生于法属阿尔及利亚,他的父亲死于第一次世界大战后,母亲以十分简朴的方式将他养大。虽然人生初期不顺利,加缪还是成功进入阿尔及尔大学攻读哲学,并且在44岁就得到了诺贝尔文学奖,但不幸的是他在两年后就死于车祸。

　　虽然加缪从没有接受自己的哲学家身份,更不要说存在主义者,但他的创作专注地表达了存在主义的观点,即存在是无意义的,个人应该接受这种无意义,而不是试图依靠外界的力量——如宗教,来逃避这种无意义,否则就是"自欺"或"哲学式的自杀"。加缪认为"存在的意义是什么"这一哲学问题是无法回答的,我们只能活在悖论之中,永远在寻找答案但永远找不到,加缪将此称为"荒诞"。他提倡活得热烈、活在当下,带着我们对荒诞的意识和终有一死的觉悟更完全地欣赏生活。

语言哲学

语言哲学试图通过进一步了解我们使用的语言来解决哲学问题。戈特洛布·弗雷格（1848—1925）是德国数学家和哲学家，他在1892年的文章《论意义和指称》（On Sense and Reference）当中，将关注点放在语言和含义与定义的重要性上。他区分了词语或对象的"意义"和"指称"，前者是我们使用的词语的意思，这可能是主观的，人与人之间存在差别；后者是词语实际指向的事物。他总结道，词语可以靠其所在句子的上下文获得意义。

伯特兰·罗素（1872—1970）发展了弗雷格的观点，他的著作将语言置于我们接触哲学的核心地位。罗素是数学家、逻辑学家，以及英国20世纪最著名的哲学家之一。在他发表于1905年的文章《论指称》（On Denoting）中，他着手分析我们使用的语法和句法，确保我们使用逻辑清晰的语言，以便找出哲学上的真理和谬误。

罗素的学生和朋友路德维希·维特根斯坦

（1889—1951）发展了弗雷格的观点，他认为客观地定义词语是很难的，因为总有人会提出反例。比如我对"友谊"有自己的定义，但我的朋友或许有完全不同的想法。他说，我们通过在群体中使用词语来为其定义。他承认词语和意义会随着时间和人群的不同而改变，并指出讲话人的意图和聆听者的理解之间总是难免有意义上的差别。维特根斯坦说当语言被用在原本的语境之外，就会产生混淆。人可能会"被语言蛊惑"。他强调哲学问题是这种文字游戏的罪魁祸首，诸如"什么是真实"这种问题只会让人迷惑。他还鼓励哲学家"将词语从形而上的使用带回日常的使用中"，这属于"日常语言哲学"观念的一部分。

结构主义与后结构主义

结构主义是法国20世纪的一场知识运动，其目的是发现并检视家庭、政治体系、时尚、艺术和文学等文化现象之下的底层模式或底层结构。结构主义的思路是找到文化的某一方面（比如传说故事），然后将其分解至组成单元和次单元（如故事中的事件），并分析这些单元。结构主义者称，我们可以辨认出不同文明的神话里共有的"结构"。

克洛德·列维-斯特劳斯（1908—2009）不是创造了耐穿有型牛仔裤的李维斯，而是一位法国人类学家，是结构主义发展中的关键人物。他分析了神话的基本构成单元之间的关系，并称其为"神话素"，他由此发现：所有的神话都是关于二元对立的，如善与恶、自私与慷慨等。列维-斯特劳斯受到瑞士语言学理论家弗迪南·德·索绪尔（1857—1913）的影响，后者提出了一种关于符号的科学，被称为符号学。索绪尔认为语言是一个系统或结构，由二元对立的概念组成，我们理解白的方式是与黑进行对比。结构主义者力求用这种科学方式来研究社会，来发现普遍的规律。

20世纪中叶的后结构主义者认为结构主义太过僵化，并且怀疑普遍规律是否存在，转而认为我们的观念、现实和对底层结构的研究是受到历史和社会影响的。后结构主义的法国哲学家，例如米歇尔·福柯（见第129—130页）和雅克·德里达（见第131—132页）认为，必须将文化现象本身及其产生的语境放到一起检视。后结构主义者坚称，意义总在变化，每件事物都有多种意义，这取决于创造者的动机，也取决于观察者的阐释。

米歇尔·福柯
1926—1984

米歇尔·福柯是法国的欧陆哲学家、社会学家和激进的政治活动家。他年轻的时候曾患有严重的抑郁症,一心想要自杀,并尝试了很多次,他因此来到巴黎高等师范学院学习心理学和哲学。他被归为后结构主义者,但福柯认为自己的作品是对现代性的历史批评,是检视知识如何与权力相关,以及这种知识与权力的互动关系是如何影响人类的。

福柯观察了社会中无所不在的权力关系,并展示出权威是如何被用以规训、控制人的,比如,我们就会对医生和精神科医师这样的权威唯命是从。他的作品分析了法律与惩罚、警察、性经验、精神病学和现代医学等领域中的权力关系。福柯称对付精神病人、罪犯、病人的现代手段和我们对性的看法不见得比过去的进步。他受到尼采的启发,尤其相信历史研究的目的在于让我们知道现在如何过得更好。

1961年,福柯发表了著名的作品《疯癫与文明》,他在书中回望文艺复兴,将其视为精神病患的"黄金时代",因为那时精神病患不会被锁起来,也不会被污名化。相反,他们只被视为不同的人,且拥有独特的智慧。福柯的《疯癫与文明》让社会思考究竟什么构成了疯癫,我们又该如何治疗精神疾病。他采取后结构主义的路径,不仅检视了被推崇的主流观念,也思考了被忽略的次要观念,通过历史性的比较,提出这样一个问题:我们现在真的比过去做得更好吗?

雅克·德里达
1930—2004

雅克·德里达是20世纪法国哲学界颇具影响力的一员,也是解构主义的奠基人。德里达出生于阿尔及利亚(和加缪一样),20世纪50年代在著名的(如你所料)巴黎高等师范学院攻读哲学。他在这里遇到了米歇尔·福柯,后来又去哈佛大学深造。他在母校任教,也在索邦大学及几个著名的美国大学教课。他有很多著作(1972年起,平均每年有超过一本书出版),但常被批评文风故弄玄虚、晦涩难懂。无论如何,他挑战了人们既有的观念,对当代文学理论和欧陆哲学有巨大影响。

德里达的早期哲学受到现象学家埃德蒙德·胡塞尔的影响,影响他的还有马丁·海德格尔、弗里德里希·尼采和西格蒙德·弗洛伊德。他批评了现象学和结构主义,认为其过于简单。德里达被视为后结构主义的"建筑师"。

他在自己的著作《论文字学》《声音与现象》《书写与差异》中建立了解构主义的概念,三本书都出版于1967年。解构主义是一种文学批评理论,也是一种解构思想与观念的哲学研究方法。德里达汲取结构主义的二元对立理论(通过事物与其反面的关系来理解事物，比如通过与恶对比来理解善），提出我们所有的思考都集中在一个占优势的观念上，而忽略了相反的观念。例如，我们认为理性高于激情，高雅艺术高于通俗艺术，言谈高于文字。解构就是将目光转到相反的一面上，关心居屈从属地位的概念，以完善对整体的理解。

解构的行为暴露了我们思维中的错误，并且可能造成迷惑，强调了我们思维的不确定性，但德里达认为我们应该欣然接受这种迷惑，将其视为一种"绝境"（aporia），这个词在古希腊语中是"迷惑""僵局"的意思。德里达认为，得知我们对生活持有的哲学问题往往没有完美的答案时，我们不该不安或害怕，反而应该感到放松。

第九章

今日哲学

我们如今的哲学是什么样的呢？我们是不是更靠近问题的完美答案了呢？尽管德里达和20世纪的欧陆哲学家认为这是我们无法获得的。当代社会给哲学家们提出新的要解决的问题了吗？

笛卡尔在17世纪说"我思故我在"的时候，他将思想与意识联系在一起，并将其与大脑分开，在身心关系这个古老的话题上采用了二元论。快进到今天，随着科学的进步，神经科学在我们对大脑的理解及其运作机制上取得了飞跃性的成就，而意识的问题仍在探索中。

澳大利亚哲学家和认知科学家**大卫·查尔默斯**（1966— ）定义了一个词——"意识的难题"，即我们为什么有主观的意识体验？我们知道大脑当中发生的物理现象，这在大脑扫描图中就能看到，但"难题"在于我们如何解释每个人都有自己的"内心剧场"，它让我们看到和体验身边的世界。为什么我们不像机器人那样走来走去呢？

这让我们来到另一个前沿的哲学研究领域：人工智能（AI）及其带来的难题，这个难题是关于意识和我们与先进科技之间的关系。如果意识有普遍的特征，并能够以不同程度在所有事物当中找到（查尔默斯是这样认为的），那么AI对我们的伦理观有何启示？如果我们创造的科技有人类的理解力和主观意识，它们应该享有人类的权利吗？还是说，应该像哲学家丹尼尔·丹尼特（1942—2024）建议的那样，应该让它们停留在科技的分类上，不赋予其人类的特征？毕竟，它们只是机器。

随着AI科技逐渐朝着制造类人机器人发展，我们不免要问自己，什么定义了"人"？在如今的世界，我们的生理状况、心理状况和基因构成都可以被操控，这个问题更显复杂。

后结构主义者、政治哲学家和女性主义哲学家**朱迪斯·巴特勒**（1956—）在其关于性别表演的著作里探讨了上述问题的一方面。在《性别麻烦》里，巴特勒提出我们知道如何做一个女人或男人，因为我们的所作所为一直在与这些社会性别保持一致。通过模仿和重复作为女性或男性的行为，我们成了女性或男性。巴特勒挑战了性别二元论（人类自然属于两种性别之一），对当代的女性主义、酷儿理论和伦理学有着巨大影响。

随着越来越多的女性出现在哲学界，希望在男性主导西方哲学几千年后，我们能见到不一样的更包容、能代表全社会的未来哲学。实际上，来自全世界的哲学家如今都是哲学对话的一部分，正在为更"全球化"的哲学铺平道路。

21世纪的哲学如何帮助我们更好地生活呢？对出生在瑞士的英国哲学家、作家**阿兰·德波顿**而言，哲学可以帮助我们更好地了解自己以及互相了解，可以作为一种治疗工具。在《哲学的慰藉》(2000年)当中,他讨论了伟大的哲学家如苏格拉底、伊壁鸠鲁、尼采、叔本华和塞涅卡等如何能为我们提供帮助,无论是遇到困难时,感到自卑、不受欢迎时,觉得自己不够有钱时,还是心碎时。2008年,他与其他人共同创立了"人生学校",这是一家教育企业,提供论坛让人们可以在哲学的帮助下探讨生活中的问题。

就像我们在这本小书中讨论的所有历史时期一样,21世纪需要激进的思想家和激进的观念。如我们所见,古往今来的哲学家们一直在打破现有秩序:他们因自己的观点被逐出教会,被驱逐或囚禁,甚至还有人像可怜的苏格拉底一样被杀害,只因其观念让我们对人类生活和身边世界的理解转向了全新的方向。身处一个海量信息和错误信息唾手可得的时代,我们比以往更需要哲学思考。提出并探索重大问题,对生活充满好奇心,这就是哲学的核心所在。

第十章

五个哲学问题

我们在这本小书的开头说过，哲学的目的在于提出并探索生命的重大问题，以提升我们的生活或实现"繁荣"——哲学家们谈论美好生活时使用的可爱词语。繁荣，即大部分时间能充实地生活、体验积极的情感、拥有心理健康和愉快的社交活动。繁荣和幸福是亚里士多德追寻的目标，他称实践哲学的目标在于发现如何实现繁荣，正如我们在本书中展现的，数千年来哲学家们一直试图给出这些重大问题的答案，这些答案就是为了帮助人类实现繁荣。在书的最后几页，我们要简短地探索五个重大问题，看看从古到今哲学家们如何看待这些问题。最后，就要轮到你了：哲学如何帮助你实现繁荣，你想从人生中得到什么？

我是谁？

什么使我们成为自己？我们是否就等于自己的思想、感觉、思考、回忆？

我们是否像唯物主义者宣称的那样，仅仅是百万亿个细胞组成的物理实体，像机械一样工作？还是，我们的思想在以一种与身体全然不同的方式运行着，就像笛卡尔提出的二元论那样？时至今日，身体与灵魂的问题依然困扰着哲学家们。

如果我们接受笛卡尔的二元论，认为思想或精神的感知存在于物质身体之外，那么我们每个人都可能拥有灵魂。亚里士多德相信思想或灵魂是任何生物的根本，很多宗教相信身体消亡后灵魂依然存在，如果是这样，那么我们所说的灵魂、思想、精神或是意识，一定不同于肉体，对吧？

我们每个人都是不断变化的物理性质和精神感知的混合体，后者包括我们的情感和心理活动等。我们所有的思考、感受、记忆和想象，以及我们的行为，构成了我们本身。

英国哲学家吉尔伯特·赖尔（1900—1976）批评了笛卡尔的二元论，对赖尔而言，人类的意识和思想完全依赖于人的大脑，灵魂或心灵的概念完全没有科学依据，是"机器中的幽灵"。随着神经科学的发展，我们会对大脑的运作机制更为了解。我们对是什么使我们成为自己的观点在不断发展。

什么是对,什么是错?

谁能决定什么是对什么是错呢?而这些人就是对的吗?几千年来,西方的社会道德基于宗教教规产生,例如基督教和犹太教都有十诫,规定了对的行为和错的行为。在大多数的现代世俗社会里,人们用法律和法规来监管正确与错误的行动。一些被称为直觉主义伦理学家的哲学家认为,多数人本能地知道何为对与错,而"道德真理"超越我们的定义而存在,因此,我们真的需要法律和法规吗?

伦理学领域关注如何确定对与错的问题,方法是严格地检视道德原则与伦理难题,例如:不杀人总是对的吗?堕胎是错的吗?吃肉是对的吗?对这些问题,个人和群体会因其自身的偏见或信仰给出不同的回答,因此客观的道德真理是无法确认的。对与错的认定根本上总是受到各种影响,如历史、文化、政治权力、宗教、人类良知,以及想要确定对与错的渴望。

自由意志还是决定论？

自由意志意味着可以自由行动而不受命运或必然性的牵制。而决定论则称所有的行为和事件都是由外部因素决定的。当我们做选择，尤其是能够改变人生的重大选择时，我们的选择是自由的吗？还是说，有外界的因素在起作用，从而决定我们可以如何生活？这些外界因素，比如我们所处的政治体制、我们的遗传构成、命运的力量甚至是全知的神，是否已经提前对我们下了命令？我们出生时所处的经济阶层或社会阶层是否决定了我们的人生路径？抑或我们有完全的自由，可以按意愿行事？约翰·洛克认为自由意志是一种幻象，他用一个情景来说明此观点：一个人在睡觉时被搬到一间屋子里，并被锁在里面。当他醒来后，选择待在原地的他并不知道自己无法离开。而如果选择离开，就会发现自己没有选择的自由，因为上锁的门已经决定了他行动的结果。如果洛克是对的，即我们没有自由意志，所有的行动都由我们掌控之外的因素决定，我们还能对自己的行动负有道德责任吗？

一些哲学家认为，我们在生活中处于自由意志和决定论之间。根据斯多葛主义的观点，关键在于尽可能地运用自由意志，并接受也许环境会决定选择的情况。重要的是尽可能对自己的生活负责。

死后会发生什么？

我们死后是否有一部分能继续存活，这是人生的重大问题之一，哲学家们几千年来对此给出过各种解答。古代哲学家如苏格拉底和柏拉图认为，灵魂在身体死后依然存在，然而爱比克泰德称当身体死后，灵魂或心灵也就不复存在了。两种理论都试图安抚人们对于死亡的恐惧，或是冲淡那种难以理解的观念，即我们死后就什么都没有了。

关于死后世界的神学理论，有佛教的转世论及其超越死亡进入涅槃的终极目标，也有基督教关于天堂和地狱的观念。印度教认为灵魂或阿特曼会离开身体，自行转世。与这些死后世界的理论相关的信仰，是人如果此生行善事或相信上帝，就可以享受更好的来世。

但是，这些能用经验证实吗？答案是绝对的否定。神经学家们持物理主义（一切都是物理的，物理世界外一无所有）观点，认为意识是神经元在大脑附近放电的结果，因此当大脑死亡，制造了思想的活动也就停止了。无论哪种理论是正确的，都不必为死亡焦虑，正如伟大的古罗马斯多葛主义者马可·奥勒留说的："一个人不应该害怕死亡，而应该害怕从未真正活过。"

人生的意义是什么？

对很多人而言，人生的意义可以在精神或宗教的沉思中找到。几千年来，人们仰望其信仰的神、精神领袖或是古鲁（印度教的宗教导师），试图弄明白该如何生活，并得到生活的意义：跟从主，就能在其中找到人生的意义。但尼采关于"上帝已死"的宣言以及伴随科技革命出现的适者生存的观念，将生命的意义转向了物种繁衍，而关于人生本身意义的观点则陷入了混乱之中。

如加缪所说，人生有时显得颇为荒诞和虚无，但我们可以直面荒诞，以热情和真诚来充实地过好人生。意识到人生没有客观的意义，意味着你可以自己决定活着最主要的意义是什么。可以是与他人交流、创建美好的友情或家庭关系，也可以是发掘自己全部的潜力，追寻智慧、知识，实现梦想。你也许会在接触自然、创造艺术或服务他人当中找到更深层次的意义。我们在宇宙中也许只是一粒尘埃，但在自身的小小空间中，我们却意义非凡。

T 文库系列

人与机器人
HALLO ROBOT: DE MACHINE ALS MEDEMENS

二进制改变世界
ZEROES & ONES: THE GEEKS, HEROES AND HACKERS WHO CHANGED HISTORY

哲学的 100 个基本
哲学 100 の基本

数字只说 10 件事
NUMBERS - 10 THINGS YOU SHOULD KNOW

大脑只说 10 件事
THE BRAIN - 10 THINGS YOU SHOULD KNOW

耶鲁音乐小史
A LITTLE HISTORY OF MUSIC

你想从生命中得到什么
WHAT DO YOU WANT OUT OF LIFE?

你家胜过凡尔赛
OTRA HISTORIA DE LA ARQUITECTURA

名画无感太正常
OTRA HISTORIA DEL ARTE

从弓箭头到鼠标箭头
LO QUE SUEÑAN LOS ANDROIDES

小开本
轻松读 T 文库

产品经理： 姜　文
视觉统筹： 马仕睿 @typo_d
印制统筹： 赵路江
内文排版： 程　阁
版权统筹： 李晓苏
营销统筹： 好同学

豆瓣 / 微博 / 小红书 / 公众号
搜索「轻读文库」

mail@qingduwenku.com